【表1】 2011年[illegible]倍率 (下段および九段のカッコ内は2010年度の数値)

学校名	受検人[illegible]			[illegible]			実質倍率		
	男	女	[illegible]	[illegible]	[illegible]	計	男	女	計
小石川中等教育	661	513	[illegible]	80	78	158	8.26	6.58	7.43
	588	474	1,062	79	80	159	7.44	5.93	6.68
白鷗高等学校附属	438	623	1,061	70	74	144	6.26	8.42	7.37
	388	593	981	72	72	144	5.39	8.24	6.81
両国高等学校附属	514	523	1,037	60	60	120	8.57	8.72	8.64
	465	470	935	60	60	120	7.75	7.83	7.79
桜修館中等教育	412	618	1,030	80	80	160	5.15	7.73	6.44
	368	560	928	80	80	160	4.6	7	5.8
富士高等学校附属	270	350	620	60	60	120	4.5	5.83	5.17
	211	240	451	60	60	120	3.52	4	3.76
大泉高等学校附属	456	595	1,051	60	60	120	7.6	9.92	8.76
	483	566	1,049	60	60	120	8.05	9.43	8.74
南多摩中等教育	580	709	1,289	80	80	160	7.25	8.86	8.06
	670	859	1,529	80	80	160	8.38	10.74	9.56
立川国際中等教育	329	568	897	65	65	130	5.06	8.74	6.9
	289	477	766	65	65	130	4.45	7.34	5.89
武蔵高等学校附属	408	395	803	60	60	120	6.8	6.58	6.69
	454	416	870	60	60	120	7.57	6.93	7.25
三鷹中等教育	490	482	972	80	80	160	6.13	6.03	6.08
	487	462	949	80	80	160	6.09	5.78	5.93
合計	4,558	5,376	9,934	695	697	1,392	6.56	7.71	7.14
	4,403	5,117	9,520	696	697	1,393	6.33	7.34	6.83
千代田区立九段中等教育（上段・区内，下段・区外）	内69(68)	内68(68)	内137(136)	内42(40)	内42(40)	内84(80)	内1.64(1.7)	内1.62(1.7)	内1.63(1.7)
	外275(301)	外296(341)	外571(642)	外42(42)	外42(43)	外84(85)	外6.55(7.17)	外7.05(7.93)	外6.8(7.55)

【表2】 千葉、埼玉、神奈川のおもな公立中高一貫校応募倍率 (下段は2010年度の数値)

学校名	募集定員			応募者数			倍率	
	男	女	計	男	女	計	男	女
千葉県立千葉	40	40	80	643	544	1,187	16.1	13.6
	40	40	80	608	564	1,172	15.2	14.1
千葉市立稲毛高校附属	40	40	80	368	483	851	9.2	12.1
	40	40	80	394	446	840	9.9	11.2
さいたま市立浦和	40	40	80	422	471	893	10.6	11.8
	40	40	80	460	466	926	11.5	11.7
神奈川県立相模原中等教育	80	80	160	648	829	1,477	8.1	10.4
	80	80	160	683	802	1,485	8.5	10
神奈川県立平塚中等教育	80	80	160	395	473	868	4.9	5.9
	80	80	160	357	436	793	4.5	5.5

公立中高一貫校志望者は増加基調にあることがわかります。

応募倍率が10倍を超えた学校をあげてみますと、

<男子>

県立千葉中学校　16・1倍

さいたま市立浦和中学校　10・6倍

<女子>

県立千葉中学校　13・6倍

千葉市立稲毛高校附属　12・1倍

さいたま市立浦和中学校　11・8倍

相模原中等教育学校　10・36倍

大泉高校附属　10・32倍

東日本大震災の影響もあり、経済情勢は今後さらに悪化し、家計も厳しくなることが予想されます。その一方で、大卒の就職状況の厳しさも増してきています。そのため、わが子に自分の力で生き抜いてほしいと願う保護者の教育熱はむしろ高まっています。そうした層が公立中高一貫校をめざすと思われ、2012年度の公立中高一貫校入試はさらに高倍率になることが予想されます。

男子より女子の方が公立中高一貫校志向が強い

さきに応募倍率が10倍以上になった学校を7校あげましたが、男子が2校に対して、女子は5校もあります。例年のことですが、女子の方が公立中高一貫校志向が強くなっています（定員はすべての学校で男女同数）。

首都圏にある全17校の公立中高一貫校のうち、小石川中等教育学校、両国高校附属、武蔵高校附属、三鷹中等教育学校、県立千葉中学校以外の11校はすべて女子の応募者の方が多くなっています。その理由としては、

1．小学校の報告書の成績を（主として5年、6年）合否判定の資料に用いる（九段中等教育学校は4年生ぶんから）

2．適性検査に読解や記述など女子の得意な内容が多い

ことがあげられます。

ただ一口に「適性検査」といっても、公立中高一貫校ごとに傾向がちがうので（神奈川の2校は同一問題）、目標校に合わせてきちんとした対策を立てることが必要です。

公立中高一貫校合格者の意外に多い「辞退」

公立中高一貫校は第1志望者が多く、合格したら辞退する人はいないと思われていますが、実際はかなりの辞退者があります。都立中高一貫校はその数を公表しているので、ここで紹介しておきましょう。

都立中高一貫校はさきの表のように募集人員ピッタリしか合格人員を発表しません。ですので、手続きしなかった人数ぶんを繰りあげることになります。その人数ですが、小石川中等教育学校14名、武蔵高校附属と三鷹中等教育学校が12名、立川国際中等教育学校が11名、富士高校附属が9名、両国高校附属がいずれも7名、桜修館中等教育学校、大泉高校附属が6名、白鷗高校附属が最も少なく3名となっています（九段中等教育学校は公表していません）。

トータルでは男子42名、女子46名が辞退しています。こうした数字を見ると、どこの中学校が私立中との併願者が多いか少ないかがわかるでしょう。

模擬試験における公立中高一貫校の位置づけ

ではつぎに各校のレベルについて探ってみましょう。中学入試における3大模試の2011年度結果偏差値を手掛かりにします（表3、4を参照）。

△は前年より偏差値が上昇していること、▼は下降していることを表しています。また、すべて一般枠についてのものです（九段中等教育学校は区外枠）。

各模試が13校すべてにわたって結果偏差値をだしているわけではなく（首都圏模試のみ男女とも13校判定）、四谷大塚は大泉高校附属、平塚中等教育学校について、日能研は男子は立川国際中等教育学校、富士高校附属、南多摩中等教育学校について、女子は立川国際中等教育学校、南多摩中等教育学校、平塚中等教育学校について判定していません。判定するだけの母数がないということでしょう。

位置づけでは、県立千葉、小石川中等教育学校、武蔵高校附属、両国高校附属、市立浦和が3模試とも高いことは共通していますが、あとは模試によりバラついています。受験者数の面からいうと人気がない立川国際中等教育学校が、四谷大塚、首都圏模試では高くなっています。また、四谷大塚が判定していない大泉高校附属が日能研では高くなっていますし、首都圏模試では高くなっている白鷗高校附属が四谷大塚や日能研では低くなっているといったぐあいに、模試ごとでまるっきりちがう学校があることに注意してください。

公立中高一貫校は教科別の試験ではない適性検査問題ですから、私立中学の入試問題を意識して作問されている模擬試験とはストレートには比例しないと考えた方がいいでしょう。各模試間での偏差値にばらつきがあるように、偏差値はあくまで参考程度に考えてください。

偏差値以上に、各校によって適性検査問題にも個性があるので、東京のように学校が多数ある場合は、自分がどの学校の適性検査問題ならよくできるかといったことの方が、学校選択の目安にはなるでしょう。

表でおわかりのように、△のついている学校の方が▼の学校よりずっと多くなっています。つまり、開校初年度から比べるとどこも倍率は低下してきています

2012年度入試用
首都圏
公立中高一貫校ガイド

目次

安田 理（安田教育研究所代表）の

首都圏公立中高一貫校の2011年度の入試結果から2012年度入試を予想する

近年、各都県で公立の中高一貫校が新設され注目を集めています。そうした公立中高一貫校は昨今の経済状況もあと押しし、大きな人気となっています。また、東京都で最も早く開校した都立白鷗高等学校附属中学校では、中学入学者の第1期生から東大合格者が5名もでるなどさらなる注目を集め、今後の公立中高一貫校人気に拍車をかけるものとなりそうです。ここでは、安田教育研究所の安田理代表に、2011年度の公立中高一貫校入試を振り返り、2012年度の入試を占っていただきました（一般的なものについては「受験」、公立中高一貫校については「受検」と表記しています）。

安田 理 やすだ おさむ
安田教育研究所代表。東京都出まれ。早稲田大学卒業後、（株）学習研究社入社。雑誌の編集長を務めた後、受験情報誌・教育書籍の企画・編集にあたる。教育情報プロジェクトを主宰、幅広く教育に関する調査・分析に携わる。教育情報編集部長を最後に同社を退社。2002年、安田教育研究所を設立。講演・執筆・情報発信、セミナーの開催、コンサルティングなど幅広く活躍中。

都立中高一貫校は初めて一般枠応募者が1万名を超す

まず、2011年度の首都圏の公立中高一貫校の入試を振り返ってみましょう。首都圏では毎年のようにあった公立中高一貫校の新設は1校もありませんでした。ちなみに、私立中の入試は昨今の経済状況の影響か、若干受験者数が減少しました。それでは公立中高一貫校の入試はどうだったのでしょうか。

2010年度、4校増えて計画の全10校が出揃った東京都立中高一貫校は、2011年度は一般枠の応募者が1万365名と初めて1万名の大台に乗りました。千代田区立の九段中等教育学校を含めると1万1186名が応募（前年より371名増）、男子が174名増、女子が197名増でした。学校別では、大泉高校附属、南多摩中等教育学校、武蔵高校附属、九段中等教育学校以外はすべて増加しました。

平均倍率は2009年→2010年→2011年で、8・53倍→7・14倍→7・46倍と、募集増で低下したあと、再び上昇しています。

応募者数最多は、昨年と同じ南多摩中等教育学校で1316名（8・23倍）を集めました。九段中等教育学校は、区外からの応募者が、女子を中心に大きく減りました。

2月3日に行われた適性検査の受検者は、11校合計で1万642名（男子4902名、女子5740名）。都立一貫校の平均実質倍率は、男子が6・56倍、女子が7・71倍と、2010年度の男子6・33倍、女子7・34倍より、男女とも0・2ポイント以上アップしました。一方、九段中等教育学校は、区外からの受検生が70名以上減り、倍率が大幅に下がりました。学校別では次ページ表のようになります。

東京以外の3県でも5校中3校の倍率が増加

東京以外の地域ではどうだったのでしょうか。

次ページの表2のように、千葉、埼玉、神奈川の3県でも、相模原中等教育学校、さいたま市立浦和中学校以外はみな増えており（女子は県立千葉中学校以外はすべて増加）、昨今の経済事情を反映して

【表3】 3模試の結果偏差値における公立中高一貫校の位置づけ（男子）

偏差値	四谷大塚	日能研	首都圏模試
68			△県立千葉
67			
66			
65			
64	△県立千葉		
63		県立千葉	△都立小石川
62	△都立小石川		
61	△都立武蔵	△都立小石川	△都立両国
60			△都立桜修館
59		△都立武蔵	△市立浦和、都立武蔵
58	△都立両国		△市立稲毛、都立立川国際 △都立白鷗
57	市立浦和		△県立相模原
56	△県立相模原	市立浦和、都立両国	区立九段、都立大泉、都立南多摩
55	△都立桜修館、都立立川国際		都立富士
54	区立九段	▼都立桜修館、都立南多摩	都立三鷹
53	△都立富士 △都立三鷹、都立南多摩	県立相模原、都立富士	
52	都立大泉、△都立白鷗	▼都立大泉、▼都立三鷹	
51	市立稲毛	区立九段	県立平塚
50		都立白鷗	

【表4】 3模試の結果偏差値における公立中高一貫校の位置づけ（女子）

偏差値	四谷大塚	センター模試(日能研)	首都圏模試
68			△県立千葉
67			
66			
65	△県立千葉		
64			△都立小石川
63		県立千葉	
62	△都立小石川、△都立武蔵		
61		△都立小石川	△都立両国
60	△都立両国		△都立桜修館
59		△都立武蔵	市立浦和、▼都立武蔵
58	▼市立浦和、△県立相模原		市立稲毛、都立立川国際
57	都立立川国際	▼市立浦和、△都立両国	都立白鷗、都立南多摩、△県立相模原
56		△都立桜修館	区立九段、△都立大泉
55	△都立桜修館、区立九段、△都立富士 △都立三鷹、△都立南多摩		都立富士
54	都立大泉		都立三鷹
53	△市立稲毛、△都立白鷗	県立相模原、都立立川、都立富士	
52		市立稲毛、都立三鷹	
51		区立九段	県立平塚
50		都立白鷗	
49			
48			
47		県立平塚	

が、むしろ難度は上昇してきています。

２０１２年度は、さらに難化することを覚悟して準備してください。

公立中高一貫校と私立中学を併願する場合

公立中高一貫校を受検する場合、３つの受け方があります。

１．公立中高一貫校だけを受検、不合格だった場合は地元の公立中学に進学

経済的理由から私立中学進学はむずかしいので公立中高一貫校のみを受けるという層が多いので、このスタイルでの受検が最も多くなっています。

２．公立中高一貫校が第１志望だが、国立、私立中学も受験

「受験勉強するのだからそれをムダにさせたくない。私立中学も受験させる」スタイルで、当初、東京の状況では、私立受験層との重なりは低かったのですが、公立中高一貫校を受検する場合も塾に通わせてしっかり対策を立てるようになってきました。塾に通えば私立中学の情報も入ってきます。長期間勉強した努力をムダにさせたくないので、国立、私立中学も受験させるというケースが増えてきています（東京の場合は公立中高一貫校と国立の試験日は同じ2月3日なので両者の併願はできませんが、他県では国立とは重ならないので併願が可能です）。

３．私立中学が第１志望だが、公立中高一貫校も受検

私立中学が第1志望でずっと勉強してきた、あくまで私立中学進学がメインだが、受験スケジュールのなかで、「私立に受かったから試しに公立中高一貫校も受検してみる」、「公立中高一貫校の試験日に、受けたい私立中学がなかったから公立中高一貫校を受検する」といった受検の仕方をする人もいます。そうした受け方でも合格したら、当初考えていなかった公立中高一貫校に進学したというケースもあります。

しかし、注意が必要なのは、公立中高一貫校の「適性検査問題」と、私立中学の入試問題と大きく傾向がちがいます。

・私立中学の入試問題は勉強してきた成果を見るという色彩が濃いのに対し、「適性検査問題」はどちらかというと受験生の持っている潜在能力を探るという問題です。

・私立中学の入試が教科別に行われるのに対し、「適性検査問題」は複数の教科が融合された問題なので、当然対策が異なります。

したがって文句なく高い学力があるという子は別として、現実には両方をねらうのは「二兎を追う者一兎をも得ず」になりかねないところがあります。

ただ、なかには公立中高一貫校と併願してもらうために、「適性検査問題」に類した問題で入試を行う私立中学も年々増えています。また、経済的に私立中学を受験させられないという家庭層に対して、成績優秀ならば「入学金・授業料を免除する」という「特待生制度」を設ける私立中学も多くなっています。6年一貫教育に魅力を感じているのであれば、経済的に厳しい場合でも私立中学も考慮に入れてはいかがでしょう。

【表5】　2012年度　県立千葉中　適性検査日程

	2012年度	2011年度
入学願書提出期間	11月21日(月)～11月24日(木)	11月22日(月)～11月26日(金)
一次検査(適性検査)の期日	12月10日(土)	12月11日(土)
一次検査結果の発表	12月22日(木)	12月22日(水)
報告書等の提出期間	1月16日(月)～1月18日(水)	1月11日(火)～1月13日(木)
二次検査(適性検査等)の期日	1月28日(土)	1月23日(日)
二次検査結果の発表	2月3日(金)	1月31日(月)

県立千葉、横浜市立南の入試日程決まる

公立中高一貫校の入試日は、年度により大きく変わるということはないのですが（かつては神奈川でありましたが）、２０１２年度は県立千葉の合格発表日などの日程が変更されます。二次検査の発表が2月3日ということは、入学確約書の提出は東京の私立入試の結果を見てからでもいいということになり、格段に併願しやすくなります。そのため応募者も増える可能性が高いと思われます。２０１２年度開校する横浜市立南高校附属の適性検査日は、県立中等教育学校と同じ2月3日。適性検査は3種類。また横浜市外枠は30％と決まった。

白鷗高校附属の1期生が東大に5名合格

首都圏で最も早く中高一貫化した（埼玉の伊奈学園を除く）白鷗高校附属の1期生が２０１１年の春に卒業しました。その大学入試で、いきなり東大に5名の合格者をだしたことは雑誌などでご存知かと思います。東大以外にも、東工大3名、一橋大2名、早大39名、慶應大15名と、すごい合格実績をあげました。

ですから、２０１２年度入試では公立中高一貫校の人気が高まることは確実と思われます。それだけの覚悟を持ってチャレンジしてください。

2012年度 公立中高一貫校 入試日程一覧

東京

の部分は未発表(7/11現在)のため昨年度の内容になります。

校名	募集区分	募集人員	願書受付		検査日	発表日	手続期限	備考
			開始日	終了日				
桜修館中等教育学校	一般	男女各80	1/19	1/20	2/3	2/9	2/10	科目ー適性検査・作文
大泉高等学校附属中学校	一般	男女各60	1/19	1/20	2/3	2/9	2/10	科目ー適性検査Ⅰ・Ⅱ
千代田区立九段中等教育学校	区分A	男女各40	1/20	1/21	2/3	2/5	2/8	科目ー適性検査1・2
	区分B	男女各40	1/20	1/21	2/3	2/5	2/8	科目ー適性検査1・2
小石川中等教育学校	特別	男女各80(含特別5以内)	1/19	1/20	2/1	2/2	2/2	科目ー作文・面接
	一般		1/19	1/20	2/3	2/9	2/10	科目ー適性検査Ⅰ・Ⅱ・Ⅲ
立川国際中等教育学校	帰国・在京	30	1/15	1/16	1/26	2/1	2/1	科目ー作文・面接
	一般	男女各65	1/19	1/20	2/3	2/9	2/10	科目ー適性検査Ⅰ・Ⅱ
白鷗高等学校附属中学校	特別	男女各80(内特別A10程度・特別B6程度)	1/19	1/20	2/1	2/2	2/2	科目ー面接(区分Bは実技審査あり)
	一般		1/19	1/20	2/3	2/9	2/10	科目ー適性検査Ⅰ・Ⅱ
富士高等学校附属中学校	一般	男女各60	1/19	1/20	2/3	2/9	2/10	科目ー適性検査Ⅰ・Ⅱ
三鷹中等教育学校	一般	男女各80	1/19	1/20	2/3	2/9	2/10	科目ー適性検査Ⅰ・Ⅱ
南多摩中等教育学校	一般	男女各80	1/19	1/20	2/3	2/9	2/10	科目ー適性検査Ⅰ・Ⅱ
武蔵高等学校附属中学校	一般	男女各60	1/19	1/20	2/3	2/9	2/10	科目ー適性検査Ⅰ・Ⅱ・Ⅲ
両国高等学校附属中学校	一般	男女各60	1/19	1/20	2/3	2/9	2/10	科目ー適性検査Ⅰ・Ⅱ

神奈川

校名	募集人員	願書受付		検査日	発表日	手続期限	備考
		開始日	終了日				
相模原中等教育学校	男女各80	1/10	1/12	2/3	2/10	2/11	志願資格承認申請期間12/12〜12/28 科目ー適性検査Ⅰ・Ⅱ・グループ活動による検査
平塚中等教育学校	男女各80	1/10	1/12	2/3	2/10	2/11	志願資格承認申請期間12/12〜12/28 科目ー適性検査Ⅰ・Ⅱ・グループ活動による検査
横浜市立南高等学校附属中学校	男女おおむね各80	1/10	1/12	2/3	2/8	2/9	志願資格承認申請期間12/5〜12/22 科目ー適性検査Ⅰ・Ⅱ・Ⅲ

千葉

校名	募集人員	願書受付		検査日	発表日	手続期限	備考
		開始日	終了日				
千葉市立稲毛高等学校附属中学校	男女各40名	12/14	12/15	1/28	2/3	2/7	科目ー面接・適性検査Ⅰ・Ⅱ
千葉中学校	男女各40名	願書等11/21 報告書・志願理由書等1/16	願書等11/24 報告書・志願理由書等1/18	一次検査12/10 二次検査1/28	一次検査12/22 二次検査2/3	2/6	科目ー一次 適性検査 二次 適性検査・面接

埼玉

の部分は未発表(7/11現在)のため昨年度の内容になります。

校名	募集人員	願書受付		抽選日	検査日	発表日	手続期限	備考
		開始日	終了日					
埼玉県立伊奈学園中学校	80名	受験希望表提出11/11 願書1/5	受験希望表提出11/12 願書1/6	12/4	1/16	1/27	2/3	受験資格承認申請10/28〜11/4 科目ー作文・面接
さいたま市立浦和中学校	男女各40名	1/5	1/6		第1次選抜1/14 第2次選抜1/21	第1次選抜1/18 第2次選抜1/25	(未発表)	科目ー第1次 適性検査Ⅰ・Ⅱ 第2次 適性検査Ⅲ・面接

森上展安（森上教育研究所所長）の

公立中高一貫校と併願してお得な私立中学校

現在、多くの公立の中高一貫校があります。しかし、中高一貫校の歴史は私学がつくってきたものと言っても過言ではありません。先行した私立中高一貫校を追走した公立の中高一貫校が並びたち、いま互いに切磋琢磨しながら、中等教育の先鋒を争っています。その意味では「私立があって公立が」「公立があってこそ私立が」と刺激しあいながら教育の質が高まっていく、ちょうどよい時期に中学受験を迎えられているといってよいかも知れません。このコーナーは森上教育研究所の森上展安所長に公立と私立の中高一貫校の「現状とちがい」、そして「私学教育のよさ」に触れていただき、その後、公立中高一貫校と併願してお得な私立中高一貫校6校をご紹介します。

森上 展安　もりがみ・のぶやす
森上教育研究所所長。1953年、岡山県生まれ。早稲田大学卒業。進学塾経営などを経て、1987年に「森上教育研究所」を設立。「受験」をキーワードに幅広く教育問題をあつかう。近著に『教育時論』（英潮社）、『入りやすくてお得な学校』（ダイヤモンド社）などがある。

東大に5名合格の都立白鷗

今春、都立白鷗（はくおう）中高がだした大学実績は注目に価しました。

それは出口実績がよい、ということと同時に、そうした見通しを事前にしめした都立の中高一貫校が、そのとおりか、またはそれに近い結果をだした、と言えるからです。

6年前には、私立と比べてとくに費用の安い公立であることは、やはり進学指導の点で「安かろう悪かろう」という懸念もありました。それよりなにより入学者の選抜試験がないという心配です。適性検査のみという点で果たして結果（実績）がだせるのか、というのが巷間（こうかん）の率直な疑問でもありました。

白鷗は、これらのおおかたの予想をくつがえして、自身の見通しどおりに大学合格実績をだし得たところがお見事でした。それはつまり、今後の同校の見通しも大きくはちがわないだろう、という信頼に直結します。それはとりもなおさず指導面への信頼と言いかえてもよいでしょう。

一方で、こうした結果（実績）をどのようにして生みだしたのか、ということが主要な関心事になります。つまり具体的な方法論についての疑問です。

これについて白鷗に関していえば、なんといっても中1、中2での生活・学習習慣の徹底が大きいように感じました。同校は中1、中2だけ別棟で学習します。ここで、いわば初学者としての〝しつけ〟が、しっかりなされるのです。

「鉄は熱いうちに打て」と言います。6カ年の最初の2年で徹底してよい習慣を身につけるという姿勢は、近隣の公立中学校を避けて、あえて公立中高一貫校を選ぶことの強い誘因になることでしょう。

「公立より私立」にも一理

じつは公立中学を避けて私立中学を選ぶのも、そういったよい生徒文化の環境におきたい、という強い希望があるからです。そうした意味では公立中学を選ばずに、公立中高一貫校を選択する背景と、私立中学を選択する実情はいくつか共通点があります。

その主要な点のひとつは6カ年一貫教育です。ここでは高校入試を気にせず、そのさきの（大学の）進路のことを考えた指導が行われる、という点です。

　じつはこの点が、学校側のメソッドですから各校おのおの特徴がでるところです。かなり学校裁量に任されますから特徴を打ちだしやすくなる点でもあります。

　ただ、近隣の公立中学にしろ、少し離れた公立中高一貫校にしろ、「うちはまずは公立だよ」と、公立校が念頭にある場合に、私立校をどのように考えたらよいでしょうか。

　「公立進学」の選択者にとって私学を避ける理由には、定番がいくつかあります。しかし、ほんとうにその定番は当たっているのでしょうか。たとえば私学はお金がかかるという大前提がありますが、私学はさまざまな奨学金制度を用意しているため、かならずしもそうばかりとは言えません。全額タダの場合さえあります。一部負担の場合もありますが、要は成績によって奨学金がでるケースがかなりあるということなのです。

　また、私学には「宗教があるから嫌だ」というかたもいますが、入信を勧める学校は皆無ですし、宗教的情操の涵養をうたうところがあったとしても、具体的な宗派の指導はいっさいありません。

　宗教の時間があったにしても、そこで学ぶことは思想史のようなものと考えてよいでしょう。

　公立はここのところはふつう市民教育を教えることになっていますので、日本の文化に深く根をおろしているはずの仏教や儒教はもちろん、外来文化のバックボーンにあるキリスト教やイスラム教などについては触れることは多くありません。ただ、帰国子女受け入れ校などでは、異文化理解教育の一端として学ぶことがあるかもしれません。

　ひるがえって私立学校の場合、「宗教立」が多いのでこれらについて興味深く、またクリスマスや坐禅などの宗教行事を楽しむことで、むしろ伝統文化や外来文化に気づかされることがあります。

　自らのよって来たるところに想いをいたすことになる点でいえば「深い」とも言えます。

　このように私立中学は公立中学とはちがいますが、おのおのの学校文化のありようはいたって伝統的であることがその特徴です。

　そしてもうひとつの大きなちがいが男女別学校がいくつかあるという点です。もちろん共学校も少なくないので、ここでは別学校を併願した場合のことについて話します。女子校や男子校の学校文化は、学業面でも行事面でも性別の特徴や強みをいかしたものになります。

　一方で、共学校では性別の役割分担をしがちになりますが、別学校では男女の分担の常識にとらわれず、むしろ「なんでもできるように」指導されることが多いようです。中学段階では、通常は女子の成長と男子の幼さが往々にしてさまざまな局面に表れ、共学校の場合、女子がリーダーで、男子がフォロワーであるところがほとんどです。

　したがって、私学の男女別学校はこうしたリーダーもフォロワーも経験できるうえでは、公立に多い共学校より教育的であるとも言えます。

　以上で、公立校ばかり考えて私立校は考えのなかになかった。というかたでも少し私立校への理解を深めていただけたとしたら幸せです。

公立と私立、一貫校のちがい

　次いで、公私の中高一貫校という形態に注目してその特徴やちがいを少し考えてみましょう。つまり6カ年一貫という長い教育期間の中等教育という点についての考え方です。

　公立の中高一貫校をつくるにあたって、法整備が行われましたが、本来その趣旨は6カ年の長期教育でゆとりをもって指導するというのが本旨でした。

　これは公立私立ともに、高校受験がなく、教科を3年、3年の細切れで指導するのではなく6カ年を見とおして指導することから、系統的にも、またさまざまな実験やフィールドワークなども取り入れたりしながら「ゆとり」をもって指導できるところが制度の眼目でした。

　それと同様に私立では、いわば理解の早い生徒に対してはかならずしも〝進度〟も〝深度〟も学年配当も気にせず、難関校に見られるように、教育課程を先に進めることも学校裁量で行うことができます。

　この点は、このところ公立中高一貫校でも、ある程度はできるようになりました。これらの授業では、いわば目の前の生徒に合わせた指導ができ、早くも、ゆっくりも、深くも、サッとでも理解に応じて柔軟に授業を展開しやすくなりました。

　私立の場合、選抜試験をしますから入学時の学力が明確です。いわば初めから能力別、到達度別で指導できるので、能力別クラスやコースを設定して学力に応じた指導をするのが当然となっていますが、公立中学では一律の一斉指導のやり方がなかなか改まりません。

　本来、学力は学科・分野・個人によってそれはさまざまですから、個別指導がむしろ基本です。とりわけ初めて学ぶ英語などでは個人差がでやすく、また小学校での個人差も大きいものですから、個別ではなくとも、少なくとも達成度別のグループ指導は有効であり、必要なはずです。しかも、これが6年間ですから、仮にわからないまま放っておかれると、それこそ1年も経たないうちに落ちこぼれてしまいます。

　日本の数学・理科でよく言われるのが、七五三で、小学校で7割、中学で5割、高校で3割しかついてこられていない、という理解状況は一貫指導によって改善されなければなりません。

そのためには一人ひとりの理解度をつねに把握し、補習をうながしていくことが必要です。たとえば公立中学の英語は週4時間に対して、中高一貫校は公立も私立も週5時間設定、つまり毎日英語に接するところが通例です。このように毎日毎日であれば学習する量はむしろ1授業あたりでは少なく、理解するべき内容も前回（前日）からそう進まない範囲で設定されます。そうすると落ちこぼれにくくもなります。

私立の場合、これに英語で英語を学んだりネイティブスピーカーにオーラル重視の授業を多く受けたり、あるいは何カ月かさきに、英語キャンプや英語圏への旅行、あるいは留学などの学事行事を折りこんでいたりします。

もちろん、公立中高一貫校のなかにも私立と似たことをするところもでてきましたが、先行した私立の成功事例があったからこそ、公立一貫校が取り入れているものなのです。もっともそれを言えば一貫校制度自体、私立の方策を公立がなぞったものであるので、当然といえは当然ではあります。

「落ちこぼれ」をつくらない

さて、数年前に公立一貫校の中学から高校にあがる際に、成績不振を理由に生徒が外にだされた、という新聞報道があり問題視されました。

中学と高校の併設型や連携型の場合は、中高一貫校といっても建前のうえでは別の学校ですから、こうしたことも起こらないではありません。しかし、生徒は高校受験がないからこそ入学したわけですから気の毒でした。新聞の問題提起は、親子の気持ちを代弁し、また世論のありどころも知らしめた内容でした。

最近の私立人気校はこうした個別の学習達成にきめ細かく対応しており、私立ならではと思わせられますが、これは新聞で問題視された公立一貫校であっても本来あってはならないことです。

逆に公立で多く見られるのは、こうした落ちこぼれをつくらないために、かなり統制的に生徒を指導する校風が強いことです。もちろん、私立の中学校にもこうした校風のところもあり、公立だけということではありませんが、学校文化が旧制中学以来自由であったり、自ら探究する姿勢を強調したりなど私学には個性重視が基調のところが圧倒的です。

統制的な学校文化は、中1や中2などの学年には受け入れられますが、中3、高1ともなると思春期のただなかであり、自らのなかに軸のような自発の芽をうながさないと、ただ外からの統制だけでは人格形成が思うに任せません。

学校文化が人をつくる

こうしたむずかしい時期、生徒が最も信頼するのは少し上の高校生や大学生の助言です。また、教師の一歩下がった助言です。

それはクラブの人間関係やキャリア教育でのOB・OGとの出会いなどで得られるもので伝統校の強みがよくでるところです。そこは新設校の弱さでもあるので、この点についてはよく家庭で留意しておく必要があります。

また今日の社会は、いくつもの職業を経験する可能性が増し、ライフロングに（一生涯にわたって）学習をつづける生涯学習社会となっているのです。私たちはそんな社会に生きています。また、職業そのものも多様であり、さらにその職業も国内ばかりにかぎりません。したがって折に触れてどのような学問や仕事をしたいか、さらに人生の成功観を養っていく意識をもつ必要があります。

ところがそれはやはり具体的なロールモデルがないとわからないものです。現に家庭にあって父親、あるいは母親のしている仕事は一体どんなことなのかをよく知る子どもは、ほとんどいないでしょう。だからこそ身近にいて、しかし、父母ではない存在の職業従事者が強い印象を与えるものなのです。

そのような親身になって将来を語ってくれるのはなんといっても中学高校のOB・OGであるのはよく知られていることです。こればかりは地元の公立中学や、まだできて日の浅い公立中高一貫校では荷が重いのです。

私立中高一貫校はその点、多彩なOB・OGのネットワークがありますから、彼らが入れ替わり立ち替わり、思春期の後輩たちに真剣に語りかけ、そこから強い感銘を受け、人生の志を立てる手だてを得るのです。

私学のつながりは、非公式であり個人的なものとはいえ表面的ではない交情のある、家族とはまたちがった絆とうるおいを人生に与えてくれます。

確かに、ときには現実的な利害も関係することもあるでしょうが、むしろそのほとんどは他愛のない、しかし、それでいて損得勘定抜きの一生のつきあいであるのも事実です。教会も社交クラブもない、また、なんらかの共同体も希薄になった今日の日本で、私学の中高一貫のつながりは貴重なものといえます。

戦前、我が国ではリーダー教育として成功したといわれている旧制中学、旧制高校をもち、多くのリーダーを世に送りだしました。

しかし一転して、戦後は戦争への反省から国家とかリーダーとかにつながる教育については及び腰だったことは否めません。

しかし、ともあれ公私立の中高一貫校はリーダー育成という点で期待されているのも事実です。確かにその基となる豊かな教養は、とくに国立や私学の伝統校でこそ今日よく指導されています。

公立中高一貫校と併願して

お得な私立中学校

豊富な行事や盛んな部活動など公立学校以上の魅力を持ちあわせ、公立中高一貫校の適性検査入試に合わせた入試が行われるなど、公立中高一貫校の受験を考えているかたにとって、あわせて受験してメリットのある私立中学校があります。ここではそんな私立中学校を森上展安氏に選んでいただきご紹介します。

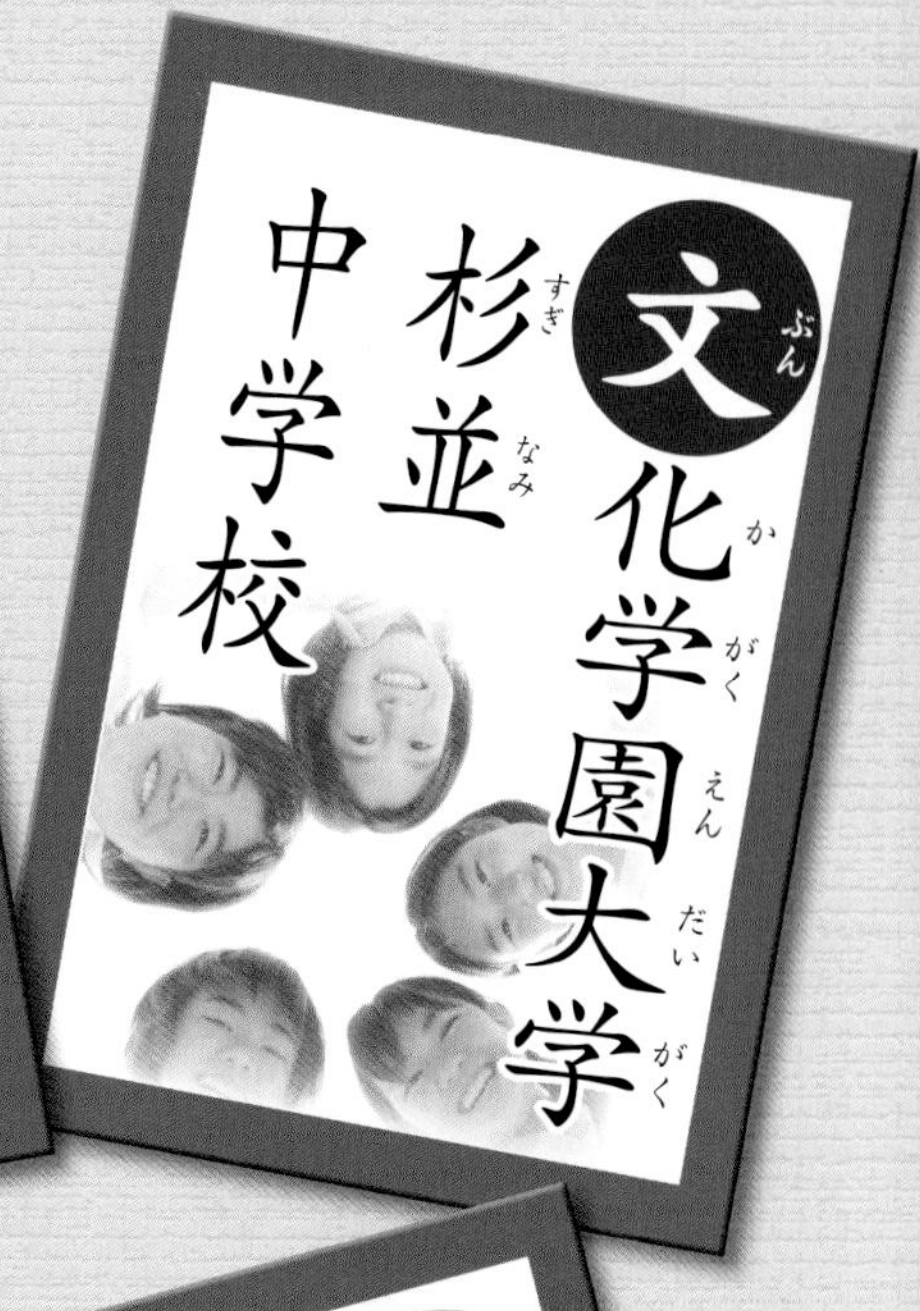

藤村女子中学校

「新たに適性検査入試を導入」

2012年に80周年をむかえる藤村女子中学校。建学の精神に基づいた女子教育を行いながらも、さまざまな新しい試みにチャレンジしています。その藤村女子が2012年度、新しく「適性検査入試」を導入します。藤村女子の「適性検査入試」とはどのようなものなのでしょうか。

1 「知・徳・体」の調和のとれた女性を育成

藤村女子の創立者、藤村トヨ先生は女子教育・女子体育教育の草分け的な存在として知られており、開校にあたり、建学の理念を「女子の心身の育成と徹底した徳性の涵養」におきました。現在でもその精神は引き継がれ、知識ばかりに偏りがちである教育環境において、健康的な心身の発達と個性の伸長を重視し、「知・徳・体」の調和のとれた全人教育が実践されています。

授業は1日50分6時間で行われ、週6日制です。中学期においては、基礎学力修得期として、とくに数学や英語の基礎教科で、習熟度別授業や学力発展講座、八ヶ岳勉強合宿などが用意されています。また、科目によって進度がすぐれない生徒に対しては、補習が行われるなど、生徒一人ひとりにあったきめ細かい指導で、基礎学力の定着に力が注がれています。

高校からは「総合コース」と「スポーツ科学コース」の2コースがあり、「総合コース」には国公立大や難関私立大学をめざす特進クラスが2010年に設置されています。特進クラスでは、特別講座などが用意され、学力をじゅうぶんに伸ばすことができます。

また、学習するうえで、欠かせない存在となっているのが学習センターです。今年から専任の先生が常駐し、大学生のチューターといっしょに、放課後、生徒の勉強をみます。中学生のうちは、学習習慣が身につき、高校からは、自分の進度に合わせた学習を行うことができるのです。学習センターでの勉強はつねに学校の授業を中心として行われるため、理解度の定着に効果があります。

今年、これまで部活動がほぼ禁止だった特進クラスでも部活動によっては可能となり、生徒はたちはより生きいきとしてきました。部活動で思う存分に身体を動かし、部活動のない日には、学習センターで集中して勉強をするのです。このサイクルができたことにより、実力が大幅に伸びた生徒もいます。こうした教育が身を結び、ここ3年間では、早大、上智大、国際基督教大をはじめ、MARCHなどの難関私立大への進学者を輩出しています。

建学の精神を大切にしながらも、現代に合わせた教育を実践するために、つねに新しいことにチャレンジしている藤村女子。その次なる試みとして、来年度の入試で「適性検査入試」を行うことが決まりました。これは、本来の学力試験ではなく、公立中高一貫校のような「適性検査」でもって入試を行うというもので、2月1日に行われます。

この適性検査入試について、坂田敬一校長先生にお話をうかがいました。

2 都立だけではもったいない その実力を伸ばしたい

――適性検査入試を実施しようと思われたきっかけを教えてください。

坂田先生「都立の中高一貫校だけ受験して落ちてしまった子どもがそのまま公立中学校に進み、高校受験をするのはもったいないと思うのです。本校は高校募集も行っておりますが、やはり3年より6年かけて子どもを育てたいという思いがあります。適性検査の対策しかしてこなかった子どもでも受けられる私立の試験を準備することで、新しい受け皿になれると思ったからです。適性検査は学力だけで推し量れないよい部分を見つける入試でもあります。もしも、都立の中高一貫校がダメだったとしても、有望な人材はいるはずです。伸びる可能性をもった子どもを本校でより伸ばししていってあげたいのです」

――学力検査ではない、適性検査型の問題を作成するのは先生がたも初めてで大変なのではないでしょうか。

坂田先生「問題作成に時間をかけるために早めにスタートしています。融合問題ですので、算数は算数の先生だけがやっていれば良いということにはなりません。そのため、ひとつのテーマを決めて、各教科の先生たちが問題を持ち寄るというかたちをとっています。例えばですが、本校が吉祥寺にあるので、『吉祥寺』をテーマとするならば、社会なら吉祥寺周辺の地理だったり、算数であれば商店街でのこと、理科であればそこで売っている植物などという風に問題を作成しています。

問題作成については、都立中高一貫校と同じ観点になるので、大事なのはその試験でどんな力を見るのかということです。藤村女子としては、小学6年生までの学力がきちんとついているのかということと、学校のなかだけで教えられていない、子ども独自の観点が見られるといいなと感じています」

――受験されるご家庭について、都立の中高一貫校を第一志望とされているかたが多いと思うのですが、そのあたりはどのようにお考えでしょうか。

坂田先生「近隣の都立中高一貫校では、武蔵高附属中や三鷹中等教育学校があげられます。ただ、公立の中高一貫校と私どものような私立中学とは教育方針が大きくちがいます。私どもでは長年培った6年一貫教育で、ていねいに子どもたちを育てていきます。また、本校は部活動がとてもさかんですので都立の中高一貫校よりも部活動ができるというメリットもあります。より勉強したいという生徒にとっては、高校になれば特進クラスもあります」

――御校の都立中高一貫校とちがうところ、似ているところがあれば教えてください。

坂田先生「大きくちがうところは土曜日にも授業があるということです。ですから、主要3教科については授業時数が多くなっています。とくに英語の時間は多くなっています。また、アドバンス講座という講座を設けています。通常の授業以上にもっと勉強したいという生徒のための講座です。学習において手厚いサポート体制が整っています。似ている面では、本校は部活動が非常にさかんであることと、運動会や文化祭などの行事が多いところですね」

――適性検査入試はいつ、どのようなかたちで行われるのでしょうか。

坂田先生「いわゆる都立中高一貫校の適性検査と同じような問題で、ⅠとⅡがあります。それぞれ各45分で、100点満点です。Ⅰは算数や理科、社会を取り入れた複合問題で、Ⅱは国語の問題になる予定です。適性検査入試のみ受験料は6000円となっています。また、この入試ではプレミアム判定を行います」

――プレミアム判定とはどういったものなのでしょうか？

坂田先生「成績がよければ年間の授業料相当の奨学金をだすというもので、プレミアムAなら年間授業料相当の奨学金、プレミアムBなら年間授業料半額相当、プレミアムCなら10万円の奨学金（入学時のみ）となっています」

――適性検査入試について、模擬問題のようなものは今後出されるのでしょうか。

坂田先生「10月に本校で都立一貫チャレンジテストを行います。それが模擬問題になります。また公表可能なものについてはインターネットで掲示する予定です」

――では最後に受験を考えているかたに向けてメッセージをお願いします。

坂田先生「適性検査で入学してくる生徒については、いままでとはちがった力を持ったお嬢さんが入ってこられるだろうと、こちらでは非常に大きな期待を持っています。そうしたお嬢さんが藤村女子の変わる力にもなるだろうと信じております。勉強も部活も、行事も非常にさかんで、お嬢さんが成長できる機会を学校は用意しております。ぜひ、自信をもって、受験して、藤村に入っていただきたいと考えています」

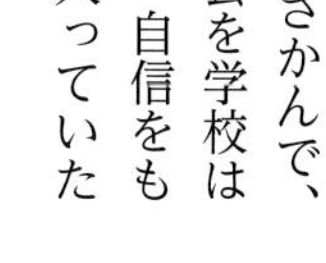

森上's eye

建学の精神をいかしつつ つねに新しいことへ挑戦

藤村女子は、勉強だけでなく部活動や行事が非常にさかんな学校です。そして新しいことにどんどんチャレンジしていく活気を持っています。今回も「適性検査入試」を導入するなど、これまでの80年近い伝統をいかしつつも、つねに新しいことに挑戦しつづけている学校です。

藤村女子中学校 SCHOOL DATA

住所 東京都武蔵野市吉祥寺本町2-16-3
TEL 0422-22-1266
URL http://www.fujimura.ac.jp/
アクセス JR線・京王井の頭線・地下鉄東西線「吉祥寺」徒歩5分

学校説明会
10月9日（日）11:00～
12月3日（土）10:00～

施設見学会（説明会あり）
8月27日（土）9:00～

オープンスクール
10月9日（日）9:00～11:00

都立一貫チャレンジテスト ※要予約
10月29日（土）9:00～

藤村予想問題解説会 ※要予約
11月23日（水・祝）9:00～

中学個別相談会 ※要予約
1月7日（土）13:00～16:00

藤村教育講演会 ※要予約
10月29日（土）9:00～

＼Pronunciation Workout for Japanese Learners of English♪／

英語 発音の達人ワークアウト「ENGLISHあいうえお」

DVD VIDEO

DVD No.GE41D-S
全2枚セット 15,750円
トータル約230分
(税込、送料別)

◎企画・監修／靜　哲人 ◎撮影協力／関西大学英語教育連環センター(e-LINC)

★「日本語」を積極的に活用した、全く新しい発音トレーニング!
★これであなたも英語口(くち)!

日本語の「アイウエオ」を積極的に活用した英語発音トレーニングDVDの登場です! 英語発音がみるみるうまくなる自学自習用DVD! また、毎回の授業で5分間ずつ見せて練習するというような使い方も出来、柔軟に活用していただけます。目からウロコの発音トレーニングDVDです!

靜 哲人(しずか てつひと) ◎関西大学 外国語教育研究機構／大学院外国語教育学研究科 教授
なお、併設の関西大学第一中学校でも授業を担当するなど教室現場で有効な教授法を常に模索している。大妻中高校、大妻多摩高校、福島工業高専を経て現職。コロンビア大学MA、レディング大学Ph.D.著書に「英語授業の大技小技」「英語テスト作成の達人マニュアル」他多数。

本編とは別に各巻に英語教師の方へ向けた「エクササイズの趣旨(約15分)」を収録。各エクササイズの目的や意義など丁寧に解説します。

主な構成 各Unitには7～8個のstepがあり、それぞれ目的を持ったExerciseを行います。

各ユニットでのターゲットは次の通りです。

★Disc 1(約120分)
- Unit 1　s, z, & t
- Unit 2　f
- Unit 3　v
- Unit 4　voiceless th
- Unit 5　voiced th
- Unit 6　L & R

★Disc 2(約110分)
- Unit 7　n-linking
- Unit 8　テーマ 語末子音の非開放
- Unit 9　子音連結
- Unit 10　アもどき
- Unit 11　英語で謳おう
- Unit 12　物語の朗読

☆Bonus Unit
ウラシマタロー & Momma Tarot oh!(桃太郎)

01. English アイウエオ Exercise
なじみのある日本語の50音に似た形式をつかって、英語の子音に注意を集中して練習します。

02. English 五七五 Exercise
敢えて日本語の文を題材にして英語の音を練習します。これは発想の転換によるトレーニングです。

03. カタカナ英語Exercise
日本語モードと英語モードをコードスイッチングさせる斬新なトレーニングです。

04. 言い分け聞き分けExercise
似ているけれど違う2つの音を発音し分け、また聞き分ける練習をします。自分で発音し分けられれば、聞き分けることもできます。

05. English 三三七拍子Exercise
ターゲット音をすばやく何度も発音する練習をしましょう。正確に、かつすばやく言わなければなりません。

06. きちんとすらすらExercise
ターゲット音を、文のなかで練習します。ひとつひとつの音をきちんと発音するよう気をつけてください。リズムにも注意を払いましょう。

07. Telephone Number Exercise
今度は電話番号を使ってのターゲット音のトレーニングです。

08. 決まり文句Exercise
今度はミニ会話の中でターゲット音を練習します。

09. Englishアイウエオ a la 演劇部
演劇部の発声練習風「イングリッシュあいうえお」でUnitの練習を締めくくります。

成蹊（せいけい）中学校

多様な生徒と幅広い進学先が魅力

2012年に創立100年という節目の年を迎える成蹊学園。現在では小学校から大学までを兼ね揃えた総合学園というイメージがありますが、じつは大学より、中学校の方が創立が早く、成蹊中学校は当初から進学校として歩みを進めているのです。大学が併設されてからもその流れは変わらず、現在、成蹊大に進学するのは全生徒の3～4割で、それ以外の生徒は他大学に進学しています。

1 多様な個性を伸ばす

成蹊では、中学でも高校でも進路別によるホームルーム編成は行っていません。小・中・高各段階での入学者、国際学級の帰国生など、多様な環境で育った生徒が在籍するのも成蹊の魅力です。多様な価値観を持った生徒が、理系も文系も同じホームルームで切磋琢磨するなかで、互いを刺激し合い、他者を認め合う心が養われていきます。

個性を尊重した教育の結果、卒業後の進路もまさに多種多様です。先輩たちが幅広い進路をとることにより、後輩たちもそれに続き、成蹊の伝統が綿々と繋がっています。

生徒が行きたい進路を見つけられる要因はそのカリキュラムにあります。ほぼ全科目が必修で、理科と社会は分野ごとに専門教員が指導を担当しています。早い段階から専門知識を持った教員が授業を行うことで、一人ひとりの興味・関心を伸ばし、幅広い視野から自分の進路を的確に選択できるようになるのです。

また、大学が併設していることで、学習環境に恵まれているだけでなく、模擬授業や単位履修制度など大学との連携により自分のキャリアを真剣に考える多様な機会が設けられています。

こうしたカリキュラムがさまざまな生徒の心にそれぞれの種を植え付け、それが色とりどりの花を咲かせるようになるのです。

そして、その結果として、国公立大学や難関私立大学へのすばらしい合格実績につながっています。あまり知られてはいませんが、早大、慶應大を始めとした他大学への指定校推薦枠も充実しています。

2 成蹊大学への進学は

成蹊大学への進学は高校3年間での成績と出席の基準を満たせば、推薦資格を得ることができます。約8割の生徒が推薦資格を持っています。また、推薦資格とは別に、併願の資格もあり、一定の成績を収めている生徒は他大学との併願が可能になっています。成蹊高校で基準を満たす成績の生徒には、各学部2名まで、授業料の減免制度があり、毎年10名弱の生徒がこの制度を利用しています。

そんな成蹊中学校の入試ですが、来年度より第1回と第2回の募集人員が変更になります。総定員に変更はありませんが、男女の倍率などに変化が予想されます。

生徒がやりたいことを第一に考え、そのためのバックアップ体制が整っている成蹊中学校です。

森上's eye

半附属校として質の高い教育を提供

大学が併設していますが、成蹊大への進学率は3～4割であり、進学校として長い歴史のある学校です。生徒の興味・関心を伸ばし、国公立大や早慶上智などの難関私立大への進学も多く、生徒の多様な進路希望に応えてくれます。附属校と進学校のよさを併せ持った学校と言えます。

成蹊中学校 SCHOOL DATA

住所　東京都武蔵野市吉祥寺北町3-10-13
TEL　0422-37-3818
URL　http://www.seikei.ac.jp/jsh/

アクセス　JR中央線・総武線、地下鉄東西線、京王井の頭線「吉祥寺」徒歩20分

学校説明会 ※事前予約不要

10月22日（土）13：30～
12月３日（土）13：30～

平成24年度募集定員

第1回（2月1日実施）
男子約50名　女子約35名
第2回（2月4日実施）
男子約25名　女子約20名

公立中高一貫校と併願してお得な私立中学校

開智未来中学校

「学びで日本一の学校になる」

少々大げさなタイトルですが、開智未来中学・高等学校（以下、開智未来）では生徒も教員も本気でこの目標を目指しています。どのような取り組みをしているか、その一端を紹介します。なお、開智未来の教育全般については、学校ホームページの「教育キャビネット」に掲載されている「教育仕様書」に詳しく書かれていますので、ぜひ一度読んでみてください。

1　〝未来〟の学び

人間力と学力の一体化

開智未来中学・高等学校の学びは関根均校長先生がまとめた『学びのサプリ』に基づき、「人のために学ぶ」「貢献する」をモットーに「**志**」を育て、学びを支える「**身体**」を育成し、国語・英語・ITの3つの「**言葉**」を鍛えます。こうやって人間の幹を育てます。その幹に「学びの構え」や「学びのスキル」などの「**一般学力**」という力強い枝を張らせ、その枝に、4つの知性を兼ねそなえた「**教科学力**」と最難関大学に合格できる「**受験学力**」を大きく茂らせていきます。こうやって高めた学力は生涯にわたって成長し続け、役立つ「生涯学力」となってさらに大きく伸びていきます。

その考え方を図式化したのが「サプリの樹」（**図1**）です。この「サプリの樹」のように伸び続ける生徒を育てたいと開智未来は考えています。

授業で育てる4つの知性

最難関大学合格を可能にする学力、そして、生涯にわたって発揮される学力を育成するために授業では「4つの知性」を育てます。

4つの知性とはIT活用力などの「**未来型知性**」、体験や行動を重んじた「**身体型知性**」、暗唱教育に代表される「**伝統型知性**」、そして、対話的授業や生徒どうしの学びあいによる「**コミュニケーション型知性**」で、それらの知性をバランスよく磨き上げる授業を目指しています。

◇未来型知性

未来型知性は2つの学力からなると考えています。①ITを活用するスキルとモラル、②ITを活用して効果的に身につく学力です。開智未来では情報教育に力を入れていますが、普段の授業でもインターネットを活用した調べ学習、ワードを用いてのレポート作成、パワーポイントを用いた発表など、積極的にITを活用します。また、ホームページに学習機能をもたせ、家庭で効果的に学習できるようにします。レポートなどもメールで提出します。

◇伝統型知性

伝統型知性とは歴史的に人類が開発してきた伝統的教育によって鍛えられる学力です。とくに、日本の学校教育は質の高い授業をつくってきました。音読、暗唱、ノート指導、一斉授業の工夫など日本の教育の成果にさらに改良を加えています。暗唱大会では日頃の成果をクラス対抗で楽しく競います。

◇身体型知性

身体型知性は、「身体を使った学習（体験的学習活動や実験・実習）」と「学びを支える身体づくり」からなります。前者は「理科」や「環境未来学」でフィールドワークを積極的に取り入れています。後者は体育で「思考する体育」を開発しています。

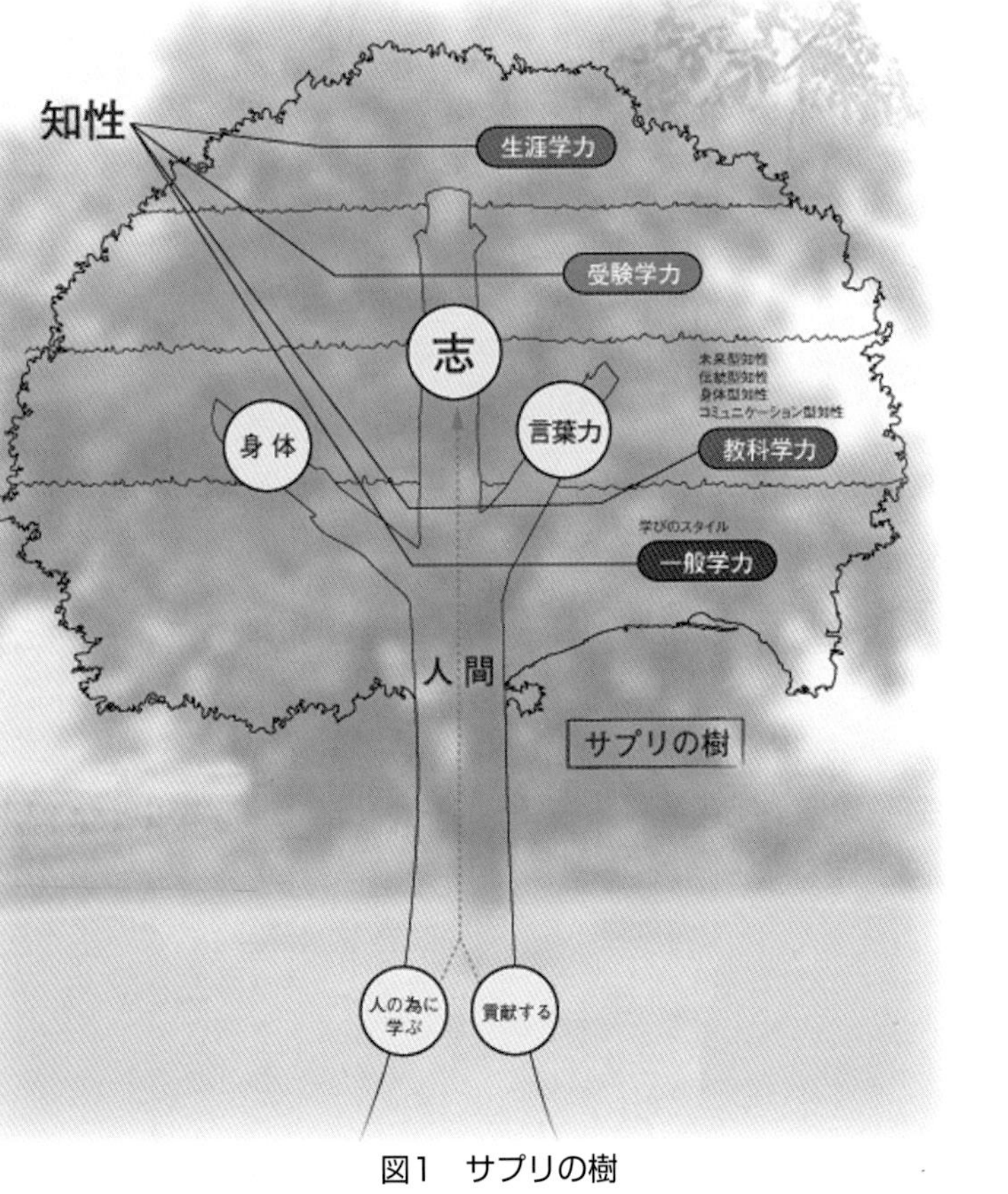

図1　サプリの樹

◇コミュニケーション型知性

コミュニケーション型知性とは、教員から学び取る力、授業にかかわっていく力、生徒同士で学びあう力などを総称したものです。実際に「学びあい」をすべての授業で取り入れます。積極的に発言して授業に参加することもコミュニケーション型の学びです。

また、休み時間や放課後に友だち同士で教えあう「学びの集団づくり」も進めています。その結果、開智未来生たちは勉強が大好きです。始業前から「学びあいルーム」や各教室で学びあいが始まります。

2 〝未来〟にしかない学び

次に開智未来中学・高等学校独自の学びを紹介しましょう。

〈哲学〉

学びで人間を成長させるためには人間の軸をつくらなくてはならないと開智未来は考えています。全学年で校長先生自らが行う「哲学」は、その軸を育成するために行われます。あわせて、開智未来の教育の縦軸として、各教科の学習を支え、学びを総合化・構造化する役割を果たします。

内容としては、人間のあり方、生き方、価値、社会の課題などを幅広く扱い、開智未来が掲げている「志づくり（貢献教育）」の柱となる教育活動です。たんに知識の理解・習得にとどまらず、問題意識を持たせ、自分はどうすべきかを考えさせます。あわせて、「学びのサプリ」に基づき、聞く力、メモする力、討議する力、思考する力などの学習スキルを身につけさせます。学年単位で授業を行うので、学びの集団づくりも意図しています。なお、ホームページの「サプリの窓」には、「哲学」のテキストが掲載されています。

環境未来学

壮大な学力向上総合プログラムです。「環境未来学」は全教科・教育活動と連動し、体験・行動をとおして机上の学習を現実と結びつけ、探究力や科学的な考え方を育成します。また、自分の未来（進路）を考える未来学習も行います。

1年生からITを操作できるようにし、社会調査の方法を学び、レポートや論文を作成することで書く力を鍛えます。

また、農業体験学習や夏休みに実施する「里山フィールドワーク」では、自然体験をつうじて感覚を鋭敏にし、さらに自然を観察するスキルを身につけます。

3年生では琵琶湖で「湖沼学習フィールドワーク」を行います。ここでは自然と人間の共存のあり方を探究します。

5年生（高2）で実施する「カナダ環境フィールドワーク」では、世界的な見地から環境を考えます。また、現地の高校生とのディスカッションや英語の講義などで語学力も高めます。さらに、大学進学後に世界基準で学べるよう、4年では論文の書き方を学び、5年では「英文論文」に挑戦します。

3 〝未来〟で学ぼう

「学びのサプリ」についてはホームページの「サプリの窓」に詳細なテキストが掲載されていますし、入学説明会では校長先生の「小学生サプリ」を実際に受けることもできます。ぜひともサプリを体験してみてはいかがでしょうか。

「人間が育つから学力が伸びる、学力が伸びるから人間が育つ」「伸びない生徒はつくらない」。開智未来中学・高等学校の合言葉です。本気で伸びたいと思っている人にピッタリの学校です。

森上's eye

先進的な学びを追求している新設校

今年4月に開校したばかりの新設校ですが、「学びのサプリ」をはじめとして、さまざまな学習法が開発されていて、これからが楽しみな学校です。また、生徒同士が積極的に学びあい、勉強が好きになれるような取り組みも特徴のひとつ。私立中が少ない地域に、一度、目を向けてはいかがでしょうか。

開智未来中学校 SCHOOL DATA

所在地 埼玉県加須市麦倉1238
TEL 0280-61-2021
URL http://www.kaichimirai.ed.jp/
アクセス 東武日光線「柳生」徒歩20分、JR宇都宮線・東武日光線「栗橋」、東武伊勢崎線「加須」スクールバス

学校説明会 ※要上履き・筆記具
8月27日（土） 14:00～
9月10日（土） 10:00～
10月1日（土） 10:00～
10月15日（土） 10:00～
10月30日（日） 14:00～
11月5日（土） 10:00～

体験授業 ※要予約
9月23日（祝）
9:40～12:10
（小学生サプリと授業2時間）

入試問題解説会
11月20日（日） 14:00～
11月23日（祝） 10:00～

佼成学園女子中学校

（こうせいがくえんじょしちゅうがっこう）

PISA型入試の先駆者

京王線の千歳烏山駅から、静かな住宅街を歩くこと5分あまり。佼成学園女子中学校（以下、佼成女子）に突き当たります。この佼成女子は、ここ数年、英語教育に力を入れることによって難関大学への合格実績を飛躍的に伸ばして注目されている学校です。

1 お得な学校という評価

「英語の佼成」で進学実績伸長

佼成女子では、中学の英語で習熟度別少人数授業を行っています。また、英語を楽しく学ぶために、ネイティブの先生による、きめ細かなコミュニケーション授業や美術・音楽のイマージョン授業、全校あげての「英検まつり」やイングリッシュサマーキャンプを実施。英語力を試せるニュージーランドへの修学旅行も行われます。

数学は先取りせず、体系的にじっくり学んでいます。授業では、宿題チェック表などの活用で家庭学習習慣をどんどんつけていきます。追試験を合格するまで実施しているのも特徴のひとつです。

高校では、ネイティブの先生によるすべて英語だけの授業もあれば、特進留学コースでは「クラスまるごと1年間留学」を実施するなど、いままでは「英語の佼成」と呼ばれるような英語教育のメソッドをつくり上げてしまいました。

さらに中学受験に「英語入試」を取り入れるなど、佼成女子は、まさに女子校の学校改革で先端を走っている学校とも言えるのです。

中学受験時の入り口の偏差値で言えば「入りやすい」のに、出口の進学実績は目を見張らせるものがあり、「入ったら伸ばしてくれるお得な学校」と呼ばれる学校、それが佼成女子です。

2 「PISA型入試」

世の中に先駆けて実施

また、佼成女子の入試改革のひとつに、世の中に先駆けて「PISA型入試」という名称の入試を採用したことがあげられます。

これは中学入試をあつかう週刊誌やテレビで毎月のように特集される思い切った入試形態でもあります。

「PISA型入試」とは、簡単に言えば、都立の中高一貫校で実施されている「適性検査」と同じタイプの問題で合否を決める入試のことです。

「国際学力調査の結果、日本の学力が低下しているようだ」というニュースを覚えておられるでしょう。この「国際学力調査」が、「PISA（Programme for International Student Assessment)」で、いわば、「学力の国際評価基準」、あるいは「学力調査のグローバルスタンダード（世界標準）」とも言えます。

従来の学力調査と大きく違うのは、「実生活で直面するさまざまな課題に、知識や技能をどう活用できるか」を評価する点です。

つまり、「学校学習での教科の理解度や定着度」ではなく、「将来、社会生活のなかで発揮できる力をどの程度身につけているか」をみる試験なのです。

このPISAのシステムに基づいてつくられているのが、佼成女子の「PISA型入試」です。

出題形式も、「国語・算数・理科・社会」というような科目別ではなく、「適性検査Ⅰ」「適性検査Ⅱ」という名称です。

ただ、佼成女子では、適性検査Ⅰ（社会理科算数の複合）、適性検査Ⅱ（500字の作文がメイン）のほかに、基礎算数・基礎国語（合わせて40分）も実施して、都立の中高一貫校の入試では見極めきれない子どもたちの学力も見ていくところにキメの細かさを感じます。

都立中高一貫校を目指している受験生にとっては、同じ勉強が役に立つわけですから、非常にありがたい入試とも言えます。試験日は2月1日で、都立中高一貫校の試験日に先だって行われますから、併願受験としてだけでなく、試し受験としても大いに利用できる入試というわけです。

3 江川教頭先生に聞く

「PISA型入試」はここがポイント

ではここで、際だつ佼成女子の入試改革を先導してきた江川昭夫教頭先生に、特に「PISA型入試」について聞いてみました。

――なぜ「PISA型入試」を導入するに至ったのですか。

江川先生「国際学力調査であるPISAは、いまや学力調査のグローバルスタンダード（世界標準）となっています。すでに国際化教育では先へ先へと進んでいた佼成女子にとって、このPISAの理念を活かした入試は〝最適〟と考えたのです。また、新学習指導要領では、基礎・基本の習得や活用能力の育成などが盛り込まれました。これはまさに、PISAを意識した方向付けですから、私たちの考えの追い風ともなるものでした」

――佼成女子の「PISA型入試」の内容は、都立中高一貫校の出題とよく似ていますね。

江川先生「実は、都立中高一貫校の適性検査Ⅰ、Ⅱという選抜方法は、PISAを強く意識したつくりになっていますから、本校のPISA型入試と似た内容となるのは当然なのです。ですから、受験生は、本校のこの入試問題に歩調を合わせることで、都立の中高一貫校の適性検査への対応がしやすくなります」

江川昭夫 教頭先生

――従来と同じ形式の入試も実施しているのですね。

江川先生「佼成女子では、最新型のPISA型入試を行っていますが、これまでと同じスタイルの入試も実施しています。つまり、受験生が自分に合った入試を選べるようになっているのです」

――なぜ、いろいろな種類の入試を用意しているのですか。

江川先生「同じタイプの生徒が集まるよりも、さまざまな能力を持った生徒が学校にいた方がお互いを高めあうことができるのではないかと考えているからです。

1教科に秀でている生徒もいれば、応用力がある生徒、総合力がある生徒など、それぞれ違ったタイプの能力が集まり、相乗効果ともいうべき刺激を互いに与えあうことで、真の学力を身につけることができます。それが学校として最適の環境だと信じているからです。ですから、本校のPISA型入試では、適性検査だけではなく、〝基礎算数・基礎国語〟という試験も行い、さらに受験生の力を見定めようと努力しているのです」

――「PISA型入試」はその問題をつくる作業も大変でしょう。

江川先生「そうなんです。いろいろな教科の要素が入り込んできますので、多くの先生がたの協力を得て、普通の入試科目なら3カ月で作問できるものが、PISA型入試では8カ月はかかってしまいます」

――8リットルのバケツと3リットルのやかんで、1リットルの水を量るにはどうしたらいいか、といった出題もありましたね。

江川先生「発想の転換や、問題解決能力、そして自分の考えを簡潔に文章にして人にわかるように説明する力などが必要になってきます」

――これから佼成女子を目指そうという受験生、また同じような入試形態の都立中高一貫校を目指している受験生にメッセージをお願いします。

江川先生「本校のPISA型入試は、公立中高一貫校対応型となっておりますが、私立の独自性を担保するために基礎算数・基礎国語も受験していただく点も特長です。

佼成女子はこのPISA型入試のフロントランナーとして、さらに研究を重ねてまいります。PISA型入試や公立中高一貫校入試にご興味のある受験生は、ぜひ佼成学園女子中学校の受験もご検討ください」

森上's eye

見逃せない 難関大学合格実績の伸び

佼成女子は近隣の都立中高一貫校が旗揚げする前から「PISA型」入試を立ち上げ、そのニーズに応えようとしてきました。その努力の成果はこの入試での受験生が増え続けるという形で表れました。もちろん、その背景に、目を見張るような勢いの難関大学合格実績の伸びがあることは見逃せません。

佼成学園女子中学校　SCHOOL DATA

住所　東京都世田谷区給田2-1-1
TEL　03-3300-2351
URL　http://www.girls.kosei.ac.jp/
アクセス　京王線「千歳烏山」徒歩6分、小田急線「千歳船橋」バス15分、「成城学園前」バスにて「千歳烏山駅」まで20分

学校説明会
10月22日（土）10:00～
11月12日（土）13:00～
12月17日（土）10:00～
1月7日（土）10:00～

乙女祭（学園祭）
9月24日（土）12:00～
9月25日（日）9:30～

オープンスクール ※要予約
9月3日（土）14:00～
11月12日（土）14:00～

PISA型入試問題学習会 ※要予約
9月17日（土）14:00～
12月10日（土）14:00～

出願直前個別相談会
1月14日（土）10:00～

公立中高一貫校と併願してお得な私立中学校

修徳（しゅうとく）中学校

「文武一体」で難関大学合格を実現する

1904年（明治37年）創立という長い歴史を誇る修徳中学校。「文武一体」を目標に、体力と知性を兼ね備えた生徒を多く育て、社会に送り出してきました。こうした伝統に支えられながら、「特進クラス」の創設、新たな学習プログラム「プログレス」のスタートなど、新たな試みが続けられています。

２０１１年４月に校名を修徳学園中学校から変更した修徳中学校（以下、修徳）。今年の夏には新校舎、２０１２年１月には立派な人工芝のグラウンドが完成予定と、１００年を超える歴史に安住することなく、次の１００年に向けての一歩を踏み出しています。

現在、修徳中学校には、ふたつのクラスが設置されています。

ひとつ目は、基礎学力養成を重視して、じっくりと力をつけながら、指定校・公募推薦、ＡＯ入試なども視野に入れながら、大学進学をめざす「普通クラス」です。

もうひとつが、徹底した基礎力の定着に加えて、発展的な学習を取り入れることで学力を向上させ、おもに一般受験で、より高いレベルの大学合格をめざす「特進クラス」です。

普通クラスは、これまでは高校で「男子進学コース」と「女子進学コース」、「健康・スポーツ進学コース（男子）」にそれぞれ分かれていましたが、来年度からは男子進学コースと女子進学コースは共学になる予定です。特進クラスは、「特別進学コース（共学）」に進みます。

どちらのクラスも、週6日制で、標準授業時間よりも多くの時間を確保しています。こうすることで、主要5教科に割ける授業時間を増やしています。

1 ４年目を迎えた特進クラス

このふたつのクラスのうち、特進クラスに注目が集まっています。難関大学合格を見据えたカリキュラムを備えた特進クラスが設置されたのは４年前。以来、Ｇ－ＭＡＲＣＨをはじめとする難関大学合格者を着実に増やしています。

修徳の特進クラスの特徴について、特進部の岡田善孝部長は「主要５教科においては発展的な学習を行っています。各単元の学習において、高校で学ぶ範囲まで発展して学習しています」と、説明されます。教科書の範囲だけで終わるのではなく、より深く知識を学べる授業が、中学校の３年間にわたって展開されています。

特進クラスがスタートしたときの中学1年生が、今年度高校1年生になったばかりで、特進クラスにおける中高一貫教育の成果はまだ出ていませんが、日々の学習面において、効果はすでに出ていると大多田泰亘理事長は話されます。

「中学からの特進クラス生は、すでに授業を積極的にリードしてくれる存在になっています。あとは、大学受験に向けてどれだけチャレンジしていってくれるか。とても楽しみです」

また、修徳といえば、全国大会に出場する部がいくつもあることでもわかるように、クラブ活動が非常に活発なことでも有名ですが、特進クラスも、その例外ではありません。

「本校では、特進クラスの生徒も、クラブ活動には一生懸命取り組んでいます。実際、特進クラスの方がレギュラーが多かったり、キャプテンだったりするクラブもあります」と、小笠原健晴入試渉外部部長が話されるように、まさに「文武一体」となって、ひとつ高いレベルで日々の学校生活に取り組んでいるのが、特進クラスの特徴です。

2 学習サイクルが根づく「プログレス」

普通クラス、特進クラスに共通する新たな取り組みとして、「プログレス」が、今年度の中学1年生からスタートしています。これは学習習慣を1年生の段階で根づかせるためのプログラムで、特進クラス、普通クラス関係なく、1年生全員が参加して行われます。

その内容について大多田理事長は「中学受験をクリアして入学してきている生徒ではありますが、そこで気を抜くことなく、最初の段階で学習のサイクルを作りたいという考えから始めました。月曜日から金曜日まで、国・数・英・理・社を1日1教科ずつ。毎日放課後に全員を集めて各生徒の到達度別に問題を解かせます。それを先生に採点してもらい、さらに宿題をもらって家で学習し、翌日提出するというスタイルです」と説明されます。

一度、毎日の学習習慣が緩んでしまうと、再度定着させるのは大変なものです。まだ始まったばかりのプログラムであり、今後出てくる進度の違いや、現在は市販のものを使っている問題集をどうするかといった課題はありますが、「プログレス」は、生徒が新たな学習環境になじむために、非常に有効なプログラムといえるでしょう。

また、クラブ所属生徒に対して、「学習集中日」が用意されています。これは、週に1日、放課後にクラブ活動をせずに、その分を勉強にあてるというものです。さらに、進度が少し遅れている生徒に対する「学力向上期待者」講習と、通常の授業に加えて、もっと勉強したいという生徒のための「ハイレベル」講習もあります。

このように、さまざまな補習・講習を用意することで、さまざまな学習レベルの生徒に対してきめ細かく対応しています。

3 修徳のもうひとつの魅力

ここまで、おもに学習面について紹介してきましたが、修徳のもうひとつの魅力は、クラブ活動をはじめとする学園生活です。

特進クラスのところでも触れましたが、クラブ活動にはほとんどの生徒が参加しており、修徳生にとって、欠かすことのできないものとなっています。中高一貫の6年間を通じて、勉強とともにクラブ活動に打ち込むことで、心身を鍛えます。

「本校では、生徒がクラブ活動をとおして学ぶことは非常に多いです。勉強もクラブもしっかりと取り組み、そのうえで結果も出すことで、周りの方々も応援してくれるのです。定期試験前には、クラブごとに勉強会などを開き、先輩が後輩に勉強を教えてあげる、ということも伝統的に行われています。練習時間も、量より質を重視した練習のなかで、生徒は集中力を養っていきます。これは勉強面にも活かされています。そして、昔ほど厳しい上下関係はありませんが、きちんとした人間関係ができているクラブがほとんどです」（小笠原先生）。

新校舎・グラウンド完成予想図

「修徳ネイチャープログラム」は、自然をとおして科学・経済・歴史・環境を学ぶ修徳独自のプログラムで、中高共通で実施されています。中学では、博物館や研究機関の見学、講演会、北海道でのファームステイ、奥日光や富士五湖の自然環境学習などを通じて、さまざまなことを学習します。

ほかにも、修学旅行、高校と合同で行われる体育祭や文化祭、全学年参加の映画教室、地域清掃など、さまざまな行事があります。

進路に応じたクラス編成と、6年一貫教育のもと、きめ細かい指導が行われている学習面。特進クラスには、奨学金制度も用意されています。さらに、クラブ活動や学校行事にも存分に打ち込める環境が整っており、公立中高一貫校と似たような特徴を持っています。

公立中高一貫校受検を考えている生徒にとって、併願校としての魅力は十分にある学校のひとつと言えそうです。

森上's eye

勉強にもクラブ活動にも打ち込める環境がある

クラブ活動がさかんなイメージですが、特進クラスの設置や「プログレス」のスタートなど、学習面での進境がめだちます。

公立中学校のように、勉強もクラブ活動も学校生活もがんばりたい、という生徒にピッタリの学校ではないでしょうか。

修徳中学校 SCHOOL DATA

所在地 東京都葛飾区青戸8-10-1
TEL 03-3601-0116
URL http://www.shutoku.ac.jp/
アクセス 地下鉄千代田線・JR常磐線「亀有」徒歩12分、京成線「青砥」徒歩17分

学校説明会 ※予約不要

10月22日（土） 14：00～
11月12日（土） 14：00～
12月10日（土） 14：00～
12月17日（土） 14：00～
1月14日（土） 14：00～

ネイチャープログラム体験学習 ※要予約

8月4日（木） 10：00～
8月25日（木） 14：00～
9月3日（土） 10：00～
10月1日（土） 10：00～

公立中高一貫校と併願してお得な私立中学校

文化学園大学杉並中学校

（ぶんかがくえんだいがくすぎなみ）

センター試験『全員受験』

2011年4月から、校名が新しくなった文化学園大学杉並中学校は、すべての生徒が熱中できることを見つけ、本気で取り組み得られる「感動体験」を大切にしています。それを実現するため、誰もが自分に合った未来を探せるよう、たくさんの引き出しが用意されています。

「わかる授業」で伸ばす学校

難関大学から併設大学まで幅広く選べる進路、生徒自らが運営する盛んな学校行事、全国大会で活躍する多くの部活動…。一人ひとりが輝ける、そんな引き出しをたくさん持っているのが文化学園大杉並です。

さらに今年度から、大きな引き出しがまたひとつ加わります。「大学入試センター試験」を、高校3年生が全員で受験するのです。

そこには、学習における「基礎・基本をきちんと徹底し」「国公立大学を中心に進路選択の幅がさらに広がるように」との狙いがあります。

『わかる授業の徹底』を実践目標に掲げて学習プログラムを改良、高校に特別進学コースやアドバンストクラスを設置し、今年度からは週2回の7時間授業も始まりました。

2008年度からは中学3年生に「選抜クラス」も設置しました。そのときの中3生が、今年度高3生となって大学入試センター試験に全員でチャレンジするのです。

文化学園大杉並の「わかる授業」は、英・国・数を中心とした習熟度別授業と、〝女子が伸びる〟授業方法という2本の柱が支えています。

少人数の習熟度別クラス編成で臨むのは、数学のオリジナルテキストでスモールステップを確実にこなしたり、会話や音読から導入してきめ細かく英語力や国語力を磨いたりする多彩な授業です。

中学1年生から基礎基本をきちんと学び、苦手教科を克服していくわかりやすい授業は、いま「大学入試センター試験の全員受験」が大きなモチベーションとなって、さらに充実していきます。

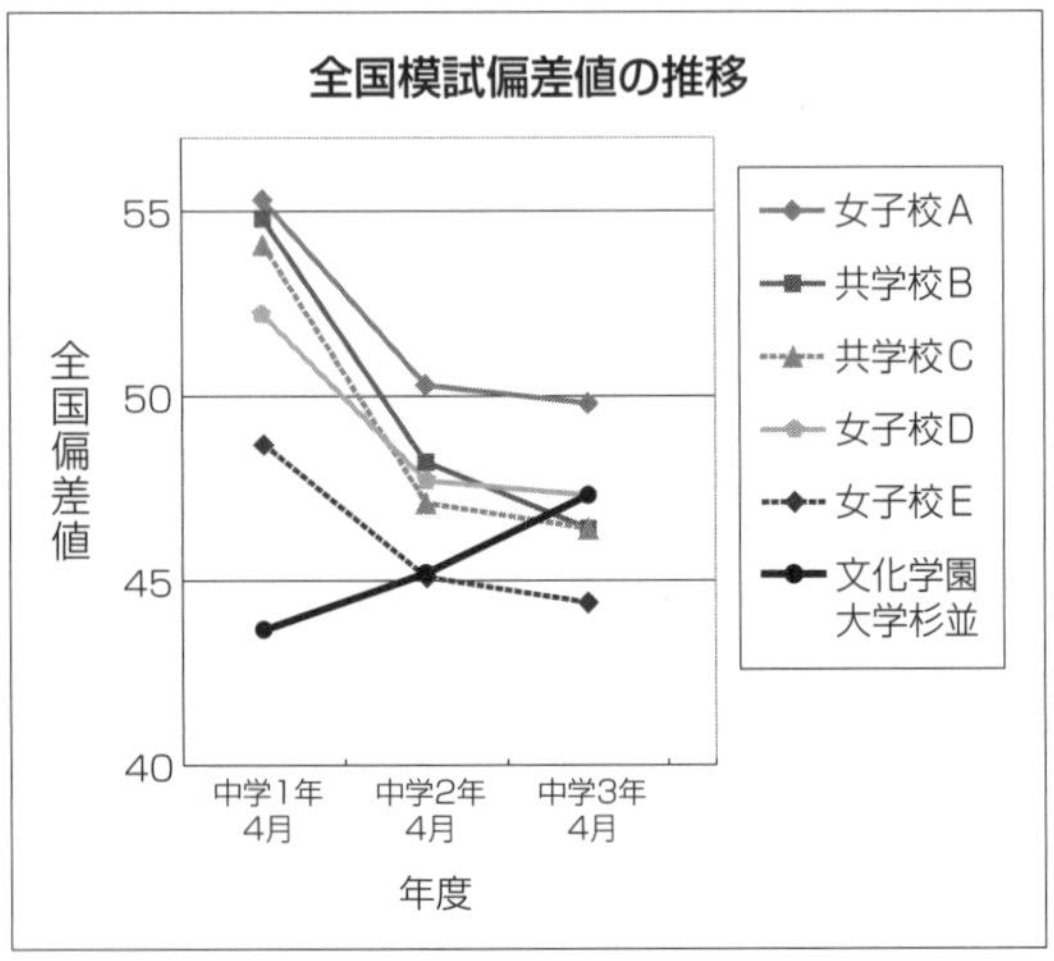

現在の中学3年生の成績推移（英・国・数）をまとめたのが別掲のグラフ（同校提供）です。入学時から確実な伸びを示していますね。これが文化学園大杉並の『わかる授業の徹底』の成果です。さらに高校のコース制で着実に学力をつけ、大学入試センター試験に挑戦します。

同校の生徒は「みんな和やかで、明るいですね」と言われます。着実に学力が伸びるのは、そんな生徒同士が助け合い、励まし合いながら、前向きに努力するからこその成果です。行事が大好き、部活動も一生懸命、そんな生徒たちが主役なのは言うまでもありません。

大学入試センター試験全員受験は、生徒たちの前向きな努力にさらに弾みをつけてくれるでしょう。

森上's eye

「わかる授業」大展開で進学実績ぐんぐんと上昇

ユニークな系列大学を持つ半進学校ですが、いま他大学進学実績がぐんぐんと上昇、さまざまな進路を保証できる学校となりました。教員同士の勉強会やセンター試験研究などでの授業力の向上がその背景にあります。徹底して「わかる授業」を展開、今後、難関国公立大実績伸長を期待できる有力株です。

文化学園大学杉並中学校 SCHOOL DATA

所在地 東京都杉並区阿佐谷南3-48-16
TEL 03-3392-6636
URL http://www.bunsugi.ed.jp/
アクセス JR中央線・総武線・地下鉄東西線「阿佐ヶ谷」徒歩7分、「荻窪」徒歩6分

学校説明会 ※予約優先
9月3日（土）14：00～
10月15日（土）10：00～
10月28日（金）19：00～
11月26日（土）10：00～

オープンスクール ※予約優先
11月12日（土）14：00～

文化祭
9月17日（土）・18日（日）

入試説明会 ※予約優先
12月10日（土）14：00～
12月18日（日）10：00～

入試体験会 ※予約優先
1月14日（土）14：00～

公立中高一貫校の適性検査ってどんな問題？

入学者の選抜方法が、私立や国立の中学校とはちがい
公立中高一貫校では、学力検査ではなく適性検査が行われます。
学力検査とはちがう適性検査とはどのようなものなのでしょうか。
実例をあげて紹介します。

学力検査と適性検査のちがいとは？

まず、つぎの漢字問題に答えてください。

つぎの1、2の文のうちで、正しい漢字が用いられているものをひとつ選びなさい。

1　私は来年、公立中高一貫校を受検します。

2　私は来年、公立中高一貫校を受験します。

正解は2……ではありません。1が正しい答えです。「受験」ではなく「受検」が正しいのです。

公立中高一貫校は、入学試験で学力検査は行わないことになっています。なぜなら、中学校は義務教育ですから、入学したいという人を「あなたは学力が低いから入れません」と拒むわけにはいきません。どんな学力の人でも受け入れなければならないのです。

けれども、希望者が多い場合は、全員を入学させると、教室が生徒であふれかえってしまいます。希望者が入学定員数を超える場合は、どうしても希望者をえり分けなければなりません。

そこで、「学力は高くても低くてもかまいません。でも、この学校で学ぶのに適していない人が入学すると、本人も困るでしょう。だから、適しているかどうか検査をします」というわけで、〝適性検査〟というテストを行なうのです。

検査は試験とはちがうので、検査を受けることを「受験」とは言わずに「受検」と言います。

ですから、適性検査に合格するための勉強は、受験勉強ではなく受検勉強です（もっとも、これに対して、学力検査を受けるのだって受検だろう。それなのに受験というじゃないか、と怪訝に思うかたも少なくないと思いますが、「学力検査＝学力試験だから、受験というのだ」というのが検査をする側の主張です）。

受検か受験かと言葉の遊びはさておいて、では、学力検査の問題と適性検査の問題は、どういうちがいがあるのでしょうか。受検する人にとってはそれが最大の関心事でしょう。

公立中高一貫校の適性検査の出題分野は、国立・私立中学の入学試験よりかなり広いと言えます。

国立・私立中の出題教科は、国語・算数・理科・社会の4教科ですが、適性検査はそれだけでなく、音楽・図工などまで含まれます。それどころか、小学校の教科にはないものまで出題されたりするのです。

4教科にとどまらない
適性検査の出題範囲

問題内容はどうでしょうか。適性検査問題の特徴は、つぎのように言えます。

解答そのものよりも、その解答を導きだす過程が重視されます（解答さえ正しければよいというのではなく、どのように考えて解答がつくられたのかが大切だ、ということです）。

小学校の教科書に載せられていることがらだけでなく、日常の生活のなかで見出される身近なことがらが中心になります。

正解とされる解答は1種類とはかぎりません。いくつも正解例がある場合もあります。

もっと具体的に言うと、問題を解くのに必要な材料は、グラフや図などでしめされるので、ことさらにむずかしい知識をたくさん覚えておく必要はありません（つまり、知識の暗記問題はだされないということです）。

親子や子ども同士の対話・会話形式でつくられているものが多く、そのなかに算数・理科・社会の問題がだされます。

国語の問題は私立中学の入試と同じ形式ですが、ほとんどが記述説明で解答します。

このように言葉であれこれ説明するよりも、実際の問題を見る方がわかりやすいでしょう。

25ページは都立小石川中等教育学校の問題（適性検査Ⅲ）の一部です。

乳酸菌やヨーグルトは、小学校の教科書にはでてきません。微生物も発酵（醗酵）も小学校の学習項目ではないからです。

もちろん、ヨーグルトを知らない小学6年生はいないでしょう。給食で提供されたり、調理実習の食材として用いたりしているはずです。

問題文には「保健で習った『細菌』と同じような生き物」とありますが、もちろん、これは保健の問題ではありません。しいて小学校の教科と関連づけるなら、［問題1］は理科、［問題2］は算数、［問題3］は思考力、［問題4］［問題5］は理科と、言ってよいでしょう。

出題者側は出題意図をつぎのように公表しています。

・これまでに身に付けてきた知識や経験を基にして、課題を解決する力をみる。
・自然科学への興味・関心の程度、表現力・論理的な思考力をみる。
・事象を数理的に分析し判断する力など、総合的な思考力をみる。

国算理社だけなく、他の教科も出題される例をあげましょう。

26ページは神奈川県の県立中等教育学校の問題の一部です。これは、音楽＋算数＋国語です。もちろん、むずかしい知識は必要ありません。音符と休符の長さ（拍）を知っていればよいだけのことですが、問（1）はリズム感が必要でしょう。楽譜をじゅうぶんに読めない小学生には難問かもしれません。

問題例をもうひとつあげましょう。27ページは千代田区立九段中等教育学校の出題です。

これは、結晶（砂糖・塩・ミョウバン）の性質の問題です。私立中入試でも定番ですが、袋に入っている実際の結晶を見て判別するという点がミソでしょう（私立中でも桐朋女子中では、同じ形式の入試を行っていますが、例外と言えます）。

ここまで読んできたかたは困惑してしまっているかもしれません、「いったいどのような受検勉強をしたらよいのだろうか？」と。

公立中等教育学校の適性検査には、教科書や学習参考書に記されている知識をそのまま覚えこんでも、ほとんど役に立ちません。たとえば、私立中入試対策用のドリルなどにやみくもに取り組んでも、効果はあまり期待できません。国立中・私立中入試の問題を解く力とは異なると言えます。

適性検査が要求している学力は、じつは、ずっと評判が悪くて非難されつづけていた〝ゆとり教育〟のめざしていた学習能力とかなり近いものです。

国立中・私立中入試に必要な学力に欠かすことができないのは、正答になる知識（情報）を自分の記憶のなかからすばやく引っぱりだす能力です。

また、それだけでなく、一部の私立中では別の力――正答にいたる道をつくりだす学力、言い換えると、解き方自体をつくりだす能力が求められることがあります。

前者の能力をAとし、後者の能力をBとすれば、公立中の適性検査ではおおかたがBを強く求めているのです（ただし、千葉県立千葉中などのように、従来の私立中入試の難問と同一類型のものを出題している学校もあります）。

短期間で行える〝受検対策〟は、いまのところひとつしかないでしょう。それは、過去問（志望校以外の過去問も）をていねいに繰り返し解いて理解することです。市販されている「公立中高一貫校適性検査」の参考書・問題集も、塾で行なわれている「適性検査」クラスの授業も、基本的には過去問の解き方です。

短期間の勉強の場合、特別な受検対策がないということは、かえって健全だとも言えるはずです。

東京都立小石川中等教育学校　適性検査Ⅲより

1　**ようこさんとお母さん**がヨーグルトを作っています。

40℃に温めておいた1ℓパックの牛乳を開けてすぐに、熱湯につけておいたスプーンで、知人にもらった手作りのヨーグルトを3杯すくって入れ、パックの口を閉じて保温器に入れます。40℃に保ち12時間おくと、牛乳はヨーグルトになります。できたヨーグルトは冷蔵庫に入れておきます。

ようこさん：どうして牛乳がヨーグルトになるの。
お母さん　：もともとヨーグルトの中に乳酸菌という大きさが100分の1*mm*以下の小さな生き物がいて、それが牛乳をヨーグルトに変えるのよ。
ようこさん：それじゃあ、ヨーグルトをけんび鏡で見ると、生き物が見えるのかしら。

次の日、**ようこさん**は学校へヨーグルトを持ってゆき、理科の先生にけんび鏡を借りて観察してみました。

ようこさん：どれが乳酸菌なのかしら。
先　生　：乳酸菌は色がないから見えにくいんだよ。
薬品で色をつけて見せてあげよう。
ようこさん：この紫色の細長いものが乳酸菌ですか。
先　生　：そうだよ。
ようこさん：乳酸菌って菌という字が使われているけれど、保健で習った「細菌」と同じような生き物なのでしょうか。
先　生　：よいところに気がついたね。そのとおりだよ。
ようこさん：細菌も生き物だから増えるのですね。
先　生　：そうだよ。時間がたつと増えていくんだ。
ようこさん：私たちと同じ生き物なら、増えるということ以外の性質も同じなのかしら。

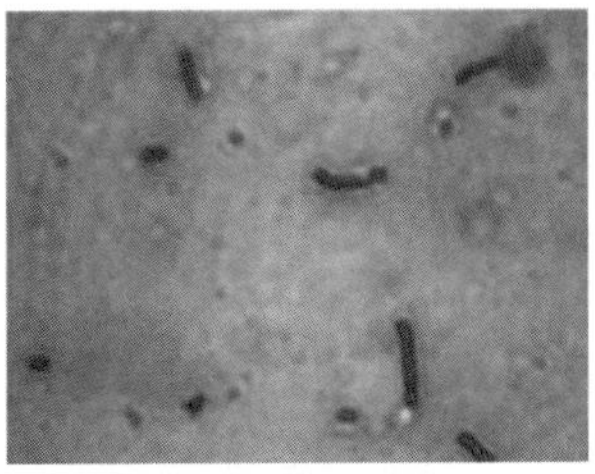
けんび鏡で見た乳酸菌

[問題1] **ようこさん**は、牛乳が乳酸菌によってヨーグルトになるということをもとにして、「増える」ということ以外の生き物の性質を確かめたいと思いました。
①どのような実験をすればよいですか。
②どのような結果になるはずですか。理由も説明しなさい。

[問題2] この乳酸菌は、40℃に保っておくと、30分たつごとに数が2倍に増えるものとします。
(1) ①　1時間後から5時間後まで、30分ごとに乳酸菌の数は最初の数の何倍になりますか。解答用紙の表をうめなさい。
②　①で書いた表のうち、最初から3時間後までを折れ線グラフにしなさい。
(2) ①　5時間後には、最初の数のおよそ何倍になるといえますか。上から2けたのがい数で答えなさい。
②　①の結果を使うと、乳酸菌の数は、15時間後には、最初の数のおよそ何倍になりますか。
(3)　はじめに乳酸菌が10000個あったとします。10000は5けたの数です。はじめから30時間後までの乳酸菌の数の変化について、そのけた数を5時間ごとに求め、折れ線グラフにしなさい。
(4)　乳酸菌1個をたて0.001*mm*、横0.001*mm*、高さ0.01*mm*の直方体とします。
①　同じ割合で増えていくとすれば、10000個の乳酸菌が20時間後には何mm^3になりますか。1つの式で表しなさい。
ただし、乳酸菌どうしのすき間はないものとします。
なお、たて1*mm*、横1*mm*、高さ1*mm*の立方体の体積を1mm^3（立方ミリメートル）と言います。
1000mm^3＝1cm^3となります。
②　①をくふうして計算すると、答えは何ℓになりますか。

[問題3] ヨーグルトに入っている乳酸菌の実際の大きさは **[問題2]** (4) で考えたものとほぼ同じで、数は1mm^3中に10000個以上あります。また、増える速さも **[問題2]** で考えたものとほぼ同じです。しかし、現実には **[問題2]** (4) で考えた計算結果のようにはなりません。**[問題2]** (4) で考えたようにならない理由を説明しなさい。
また、1ℓの牛乳から実際には約何ℓのヨーグルトができると思いますか。

[問題4] お母さんは、ヨーグルトを作るときに、熱湯につけておいたスプーンで知人にもらった手作りのヨーグルトをすくいました。熱湯につけなかったスプーンを使うと、うまくヨーグルトにならないことがあります。なぜ熱湯につけておくのでしょうか。その理由を考えて説明しなさい。

ようこさん	：小さな生き物がヨーグルトを作っているなんてふしぎね。
お母さん	：いろいろな食品に小さな生き物が利用されているのよ。
ようこさん	：ヨーグルトのほかにはどんなものがあるの。
お母さん	：味噌や納豆などもそうよ。納豆は独特のにおいがあるし、ねばねばしているけれども、くさっているわけではないの。細菌には病気をおこすものや人間に有害な物質を作るものもあれば、人間の役に立つものもあるのよ。人間に有害な物質を作る小さな生き物が増えた状態を「くさる」というのよ。
ようこさん	：今は冷蔵庫があるから食品がくさりにくいわね。
お母さん	：今ほど電気冷蔵庫が家庭に広まっていなかった時代は、食品を長持ちさせるさまざまなくふうをしていたのよ。今でもそのくふうは生かされているわね。
ようこさん	：冷蔵や冷凍をしなくても、生き物が増えないようにすれば、くさりにくくなるのね。

[問題5] くさりにくくするためにいろいろなくふうがされている食品があります。例えば、缶詰、梅干し、ジャム、乾パンなどです。食品を1つ選んで、なぜくさりにくくなるのかを考えて説明しなさい。缶詰、梅干し、ジャム、乾パン以外の食品について説明してもかまいません。

神奈川県立中等教育学校　適性検査Ⅰより

問2　かずおさんの学級は，農家の協力を得て取り組んだ米づくりの様子を歌にして発表します。**〔資料1〕**は，その歌の楽譜と記号の説明です。**〔資料1〕**を見て，あとの（1）～（3）の各問いに答えましょう。

〔資料1〕楽譜と記号の説明

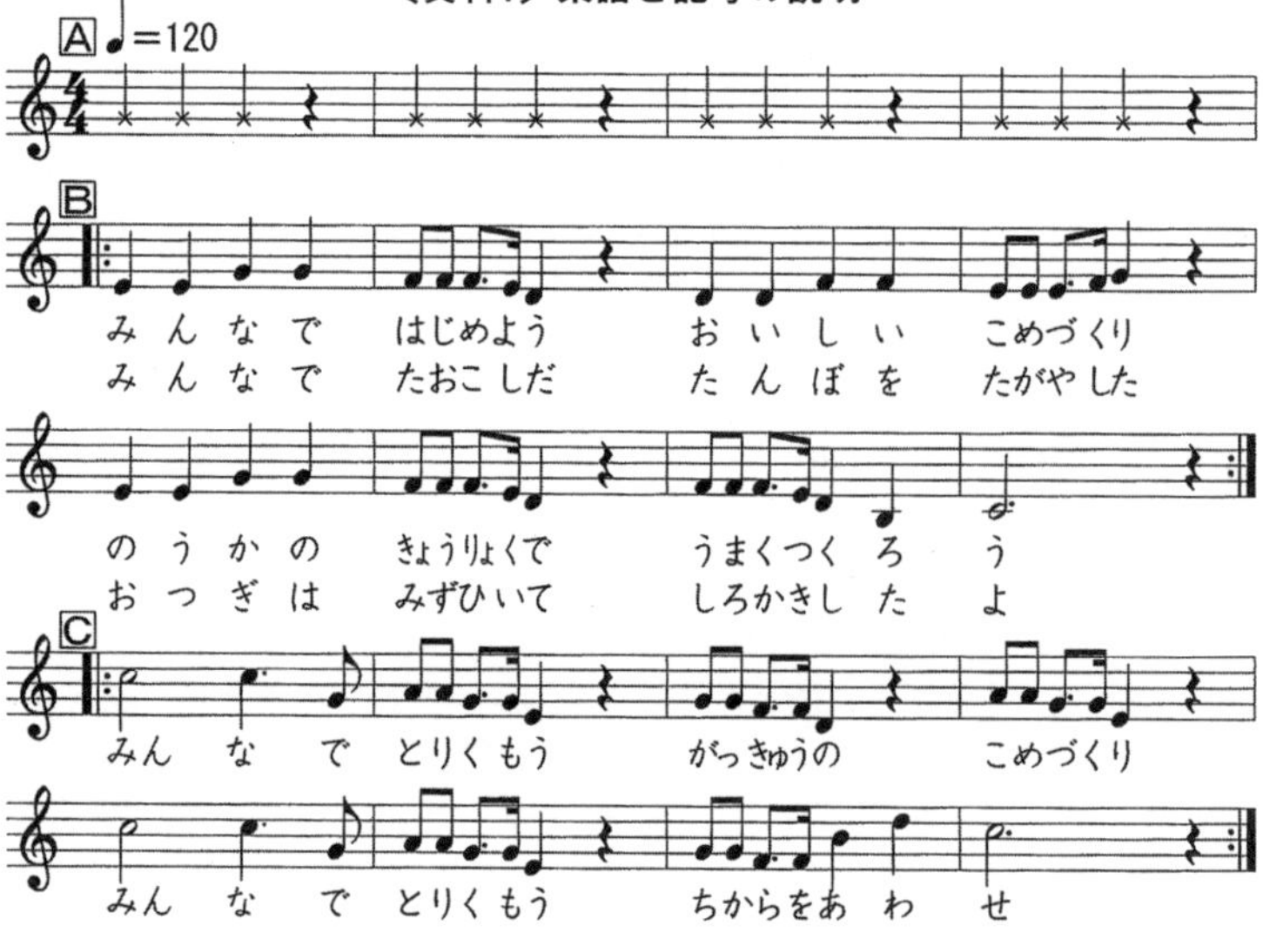

記号	説明
4/4	♩を1拍として，1小節に4拍ある拍子。
♩=120	1分間に♩を120打つ速さで演奏する。
𝄆　𝄇	𝄆と𝄇の間をくり返して演奏する。
（×の符頭の音符）	リズム打ちを表す。音の長さは音符と同じように表す。

（1）かずおさんは，**〔資料1〕**の楽譜の3小節目にあるリズム打ちをかえることにしました。3小節目に最もあてはまるものを次の①～⑥の中から1つ選び，その番号を書きましょう。

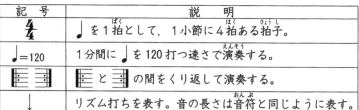

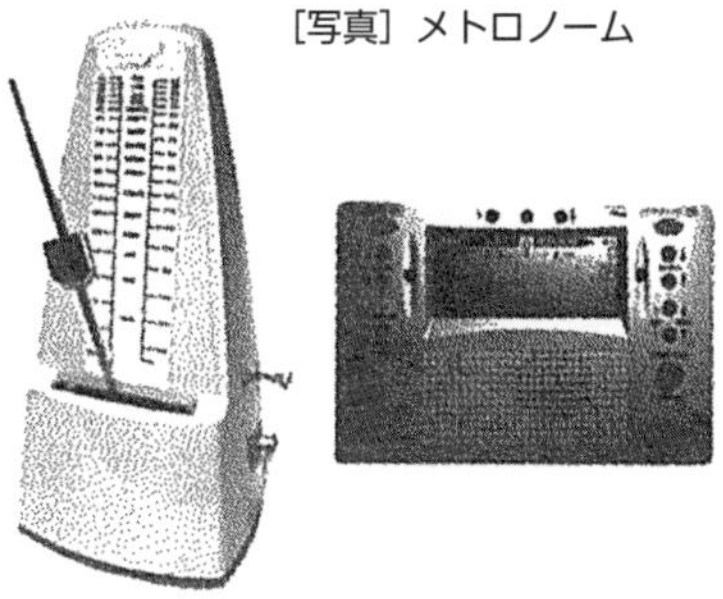

［写真］メトロノーム

(2)　かずおさんは，**〔資料1〕**の楽譜について，**［写真］**のような**メトロノーム**を使って速さを確かめながら，最初のリズム打ちから最後の休符まで演奏した時間を調べました。このことについて，次の**ア**，**イ**の各問いに答えましょう。

ア　楽譜どおりに演奏した時間は何分何秒か，書きましょう。

イ　かずおさんは，楽譜どおりでは，みんなで合わせて歌うのは難しいと感じました。そこで，**メトロノーム**の設定をかえて，ちょうどよいと感じる速さにしたところ，演奏した時間は1分30秒でした。このとき，記号♩＝120の**120**をいくつにかえるとよいか，その数を書きましょう。

(3)　かずおさんの学級では，**〔資料2〕**のように**米づくりの記録**をまとめたあと，**〔資料1〕**の歌詞を1番として，**〔資料3〕**のような**2番と3番の歌詞**を，取り組んだ作業の順番がわかるようにつくっています。**〔資料2〕**をもとに，**〔資料3〕**の中の［あ］～［え］にふさわしい歌詞を**ひらがなまたはカタカナ7字以上12字以内**（句読点を使うときは，字を書いたマスへ一緒に書く）でつくり，それぞれ書きましょう。

〔資料2〕米づくりの記録

月	取り組んだ作業
5	○田おこし （田をたがやす。） ○しろかき （田をならす。）
6	○田植え （なえを植える。）
7	○草とり
8	○水の調節
9	○鳥よけづくり
10	○稲かり ○かんそう ○だっこく （実をとる。）

〔資料3〕2番と3番の歌詞

2番の歌詞
みんなでくつぬいで　たんぼにはいったよ
それぞれなえもって　［あ］
みんなでうえたなえ　おおきくそだてたい
あいだにはえた　［い］
（つづきは楽譜のⒸと同じ。）

3番の歌詞
みんなのいねのびて　みができはじめたよ
すずめがたべぬように　［う］
みんなのいねみのり　［え］
しっかりかわかして　だっこくしたよ
（つづきは楽譜のⒸと同じ。）

千代田区立九段中等教育学校　適性検査Ⅱより

［1］　紙袋の中に入っている、３つの透明な袋とルーペ、そして黒い紙を取り出しなさい。**［写真１］**のように３つの透明な袋には、Ａ、Ｂ、Ｃの表示がついています。
それぞれの袋には砂糖、食塩、ミョウバンのどれかが入っていますが、どの袋に何が入っているかはわかりません。ルーペで観察するときは**［写真２］**のようにします。ルーペは２枚重ねて見ることができます。また、３つの袋を開けてはいけません。

〔写真1〕　袋の中の３種類のもの

〔写真2〕黒い画用紙とルーペ

ふゆおさんとなつこさんは、この袋の中身を使って実験をします。

〔ふゆお〕きのう紅茶に砂糖と食塩を入れ間違えて、大変だったんだよ。

〔なつこ〕砂糖と食塩は入れ間違うことがあるわよね。理科でものを調べる実験をしたでしょう。砂糖と食塩では性質がいろいろと違うらしいわよ。台所にある砂糖と食塩を、水に溶かしたり加熱したりして、比べる実験をしてみましょうよ。

〔ふゆお〕ミョウバンも同じように調べてみよう。ミョウバンは、なすの漬物の色を、あざやかなむらさき色にするために加えるものだよね。

〔なつこ〕まずは、水への溶けやすさを調べてみましょう。そのためには、水の量を同じにしないと比べられないわね。理科の実験で食塩の水への溶け方は調べたけれど、砂糖やミョウバンはどうかしら。

〔ふゆお〕３つのコップにそれぞれ100 gの水を入れて、A、B、Cの溶け方の違いを調べることにしよう。

〔なつこ〕次に、ポットのお湯を加えて、少しずつ温度を高くしていったときの溶け方も比べてみましょう。

〔ふゆお〕最後に、３つのものをそれぞれ金属のスプーンにのせて、ガスコンロの炎の上にかざして加熱してみよう。

〔なつこ〕実験だけでなく、そのままのようすを観察してみましょうね。ルーペも使ってみましょう。

問１

次の3枚のカードは、ふゆおさんとなつこさんが行った観察・実験の結果をまとめたものです。これらのカードに、あなたが実際に観察してわかったことを記入します。観察してわかったことは、他の2つのものとの違いがわかるように記入しなさい。また、配られた3つの袋の中身が、砂糖、食塩、ミョウバンのどれであるかも記入します。答えは解答用紙に書きなさい。

A

・温度が高くなっても、100g の水に溶ける量はあまり変化しなかった。
・加熱しても変化はあまり見られないが、パチパチはねた。

あなたが観察してわかったこと	袋の中身

B

・温度が高くなると、100g の水に溶ける量が増えた。
・加熱すると、周りから白くなった。

あなたが観察してわかったこと	袋の中身

C

・AやBと比べて、温度が低くても溶ける量がとても多かった。
・加熱すると、融けて液体になり、茶色に変化した後こげたにおいがして、最後に黒いものが残った。

あなたが観察してわかったこと	袋の中身

中等教育学校
2006年開校

東京都立

桜修館中等教育学校

「真理の探究」のために「高い知性」と「広い視野」「強い意志」を持つ人間の育成

日々、変化が激しい現代社会において、日本人としてのアイデンティティを持ち、さまざまな場面でリーダーシップを発揮できる子どもを、桜修館中等教育学校は6年間かけて育てていきます。

日本人としてのアイデンティティを身につける

【Q】御校は真理の探究のために3つの校訓を掲げていますね。

【小林先生】本校の母体校である都立大学附属高校（2010年度で閉校）の学校目標が、「自由と自治」、そして「真理の探究」になっていました。しかし、この言葉がつくられた当時は時代の背景が大きく関係しており、現在は中等教育学校の段階では「真理の探究」を取り入れ、これを校訓としています。そのためには、いろいろな体験も含めて「高い知性」と「広い視野」、そして粘り強い「強い意志」の3つを校訓に掲げ、桜修館中等教育学校がスタートしたのです。

そして育てたい生徒像としてつぎの6項目を謳っております。

1　将来の夢や高い志を抱き、自ら進んで考え、自ら勇気をもって決断し、自ら責任をもって主体的に行動する生徒

2　社会の様々な場面・分野においてリーダーとして活躍する生徒

3　真理を探求する精神をもち、自ら課題を発見し、論理的に解決し、適切に表現し行動できる生徒

4　生命や人権を尊重し、他者を思いやり、他者と共に協調する心をもつ生徒

5　世界の中の日本人としてのアイデンティティをもって国際社会に貢献できる生徒

小林　洋司　校長先生

学校プロフィール

開　校
2006年4月

所在地
東京都目黒区八雲1-1-2

TEL
03-3723-9910

URL
http://www.oshukanchuto-e.metro.tokyo.jp/

アクセス
東急東横線「都立大学」バス

生徒数
男子440名、女子499名

1期生
6年生（高校3年生）

高校募集
なし

2学期制

週5日制

45分授業

入学情報
・募集人員
男子80名、女子80名　計160名
・選抜方法
報告書、適性検査、作文

6　自らの健康に留意し、体力の向上に努め、健全な精神を維持できる生徒

簡潔に言うと、自ら進んで考え、将来へ志を持ち、国際社会に貢献できる日本人としてのアイデンティティを身につけていくことが必要だと考えています。

本校はさまざまな国から生徒がたくさん来る学校なんです。アメリカや中国、韓国、昨年は香港からも生徒が来ました。このようにいつでも生徒同士が交流できるような取り組みをしています。2年生では大使館への訪問も行っています。

そして6年間の中等教育学校ですので、ゆとりのある時間のなかでリーダーシップを発揮できる生徒を育てたいと思っております。

【Q】生徒に対してつねに話しておられることはありますか。

【小林先生】 自分を成長させるということは、ひとりで成長できるわけではないと言っています。「人間はまわりの社会によって育てられている部分があり、自分が行動することによって、まわりの社会にどんな影響があるのかつねに考えられる人間になってほしい」と。そのことがほんとうの意味での成長だということは、言葉を変えながらよく言っております。

【Q】少人数授業は行っていますか。

【小林先生】 前期課程の2年生と3年生の英語で実施しています。後期課程でも英語の一部で少人数授業、数学で習熟度に応じた少人数授業が行われています。

5年生（高校2年生）まではほとんどの生徒が同じ科目を履修しています。早くから文系・理系に分けてしまうと、理系だから、文系だからと言って勉強しない科目もでてきてしまいます。ですから

特色ある カリキュラム紹介

1 論理的な思考力の育成を目的とした「国語で論理を学ぶⅠ～Ⅲ」「数学で論理を学ぶⅠ～Ⅲ」

1年生の「国語で論理を学ぶⅠ」では、基礎として相手の話を正確に聞き取ることを意識した問答ゲームや再話などの言語技術教育を取り入れています。

「数学で論理を学ぶⅠ」では、日常生活にある身近な題材を課題として文字、グラフ、図形を使って、性質を考えたり論理的に考えたりする授業を行っています。

2年生の「国語で論理を学ぶⅡ」では、相手にとってわかりやすく説得力のある意見の述べ方や表現の仕方を学習します。また、相手の立場になって理解し、それに対して自分の考えも道筋をたてて述べる学習や、ディベートなども取り入れた学習をしています。

「数学で論理を学ぶⅡ」では、図形の定理や公式を演繹的に証明し、また発展的な図形の問題をさまざまな方法で論理的に考えて解く授業を展開しています。

「国語で論理を学ぶⅢ」（3年生）になると、これまで学習したことをさらに高めるため、さまざまな種類の文章を論理的に読解し、自分の考えを論理的に表現する学習をします。また、弁論大会を行い、相互に批評する機会を設け、小論文の基本も学習していきます。

「数学で論理を学ぶⅢ」では、課題学習を中心に行い、数学的な見方や考え方を育成したり、特殊化・一般化について論理的に考え解く授業を行います。

多くの教科を学んで、広い視野を持って自分の将来を考えた選択をしてもらいたいと考えていますし、得意、不得意で文系・理系を選ぶ必要もないと考えております。

特色のある独自の教育活動

【Q】御校では学校独自の教育活動をされていますね。

【小林先生】「国語で論理を学ぶ」という科目を設定しています。これは学校独自の科目で、教科書も教員が作成したものを使っています。目的としては論理的にものごとを考えることです。2、3年生になるとディベート大会も行われ、1年生からは論文と称し、意見文を書いて、『研究レポート集』を作成しています。

そしてもうひとつ、「数学で論理を学ぶ」という科目も設定しています。図形を使ってのパズルのようなものをあつかい、そのなかで論理性を考えていくことをしています。これによって読売新聞社の作文コンクールで東京都教育委員会賞を受賞する生徒が、毎年出てきています。独自に設定した科目によって、興味を持ってくれたことが、このような結果につながっているのだと思います。

【Q】ほかにも力を入れている教育活動についてお教えください。

【小林先生】コミュニケーションを重視しています。1年生のときから各班でプレゼンテーションを行い、研究発表などを行っています。また、入学してすぐに御殿場にある研修施設へ2泊3日でオリエンテーションに行きます。ここで生徒たちは友だちと打ち解け、ガラッと変わって帰ってきます。

2・3年生では夏休みに希望者で英語合宿を行っています。ここでは起床から就寝までネイティブの指導員とグループを組み、英語のみを使って生活します。

4年生になると希望者はニュージーランドで10日間のホームステイを行い、5年生になると修学旅行でシンガポールを訪れます。

本校はドイツ語、フランス語、スペイン語、中国語、ハングルなど、第2外国語の選択科目を設定しています。コミュニケーションを重視しているのもおわかりいただけると思います。

また、豊かな感性と想像力を育成するために学年行事として「百

年間行事

おもな学校行事（予定）

4月	入学式
5月	移動教室（1年） クラスマッチ
6月	
7月	歌舞伎鑑賞教室（1年） 三者面談
8月	英語合宿（2、3年生希望者） 職場体験（3年）
9月	避難訓練　記念祭
10月	始業式
11月	校内実力テスト
12月	研修旅行（3年）　海外修学旅行（5年）　美術館巡り（1年）
1月	百人一首大会 体験的研修旅行（2年）
2月	芸術鑑賞教室 マラソン大会
3月	卒業式 合唱コンクール　修了式

人一首や書き初め大会に取り組んでいます。

【Q】進路・進学指導についてお聞かせください。

【小林先生】本校は都立の中高一貫教育校です。入学時に学力検査をしていませんから、ある意味では多様な生徒がおります。そういう意味ではみんな一律に東大をめざすということはいえない学校なんですね。これはほかの進学校と大きくちがうところだと思います。ただそういう意味で指導は大変なんですが、いろいろな個性ある生徒たちが集まっていて、生徒にとってはいい環境だろうと思います。

進学指導については、個別指導記録を作成して、きめ細かく指導しています。これは模試のデータや学校の定期考査などの記録が書かれています。これをもとに、三者面談で保護者に情報を提供しつつ、学習指導にも活用して進路指導体制をとっています。

【Q】適性検査についてお聞かせください。

【小林先生】与えられたものにそのまま素直に機械的に答えるのではなくて、いろいろな角度から自分で考えられるような生活習慣をつけてきてほしいと思っています。

学んだことをことがらとして暗記しているだけではなくて、それを活用して生活にどういかしていけるのか、そういうようなことが適性検査では問われます。作文については、親子の会話や友だちとのふれあいなどの生活のなかで感じたいろいろなことや、体験を大事にして、題材に向かい作文を書いてほしいと思います。

【Q】最後にどのような生徒さんに来てもらいたいですか。

【小林先生】おそらく、本校の教育方針までわかって入学してくる生徒さんは、あまりいないと思います。ですから記念祭（文化祭）や学校説明会、学校見学など、いろいろ行事がありますので、そういうものを見て自分が「ここで勉強してみたい」と思って来てもらいたいです。

それから、地域の中学校でなく本校を選んだということは、それなりの決意をもって来ていると思うので、部活動でも、行事でもよいので、ひとつ目標を持ってがんばってもらいたいと思います。

［問題２］ ０から９までの10個の数字すべてを一回ずつ使って表される日付と時刻は、一年のうちで何回かあります。

01月01日00時00分00秒から始まって、０から９までの10個の数字すべてを一回ずつ使って表される最初の日付と時刻を解答らんに書きましょう。

ただし、一日の表示は00時00分00秒から23時59分59秒までです。

【解答らん２】

□□月□□日□□時□□分□□秒

次に、二人はクッキーを買いにお菓子(かし)売り場へ行きました。

［問題３］ クッキーの箱が下の図のようにすき間なく、125個積まれています。色がついている箱にはチョコレートクッキーが入っています。チョコレートクッキーの箱は、見えている面から向かい合う面まで並んでいて、それ以外にはありません。チョコレートクッキーの箱は全部でいくつあるか書きましょう。また、どのように求めたかも書きましょう。

【解答らん３】

□個

求め方

学校別適性検査分析

東京都立桜修館中等教育学校

募集区分 一般枠

入学者選抜方法 適性検査（45分）、作文（45分）、報告書

課題や資料を正しく分析する

与えられた条件を正しく理解し、分析して答えを導き、さらに検証できる力をみます。何とおりかの答えがあります。

論理的思考力、表現力をみる

積まれた箱を題材として論理的な思考力を問います。その思考過程を、筋道立てて表現できる力も試しています。

2011年度 東京都立桜修館中等教育学校 適性検査問題より

2　まなぶさんはお父さんとショッピングセンターに行くために、駅に行きました。下に示した午前9時台の時刻表（じこくひょう）を見てみると、10本の電車が駅に来ることが分かりました。お父さんが、「各」は各駅停車、「快」は快速、「急」は急行を表していると教えてくれました。

［問題1］　電車が来る順番には下のような規則があります。時刻表のあ～おにあてはまる「各」、「快」、「急」の組み合わせを考えて、解答らんに2通り書きましょう。その組み合わせは2通り以上あります。

時刻表

時	土曜・休日									
9	各	あ	い	快	う	各	え	お	急	快
	02	08	15	19	25	31	36	45	52	59

規則

・電車は、各駅停車、快速、急行の3種類で、各駅停車は4本、快速は4本、急行は2本です。
・急行の直前には各駅停車が来ます。
・3本続けて同じ種類の電車が来ることはありません。

【解答らん1】

	あ	い	う	え	お
1通り目					
2通り目					

二人は電車に乗り、ショッピングセンターに到着（とうちゃく）しました。まず時計売り場へ行き、下の図のような24時間表示のデジタル時計を買いました。

このデジタル時計は、10個の数字で日付と時刻を表示しています。まなぶさんはお父さんと、このデジタル時計に表示される10個の数字の並（なら）びについて考えました。

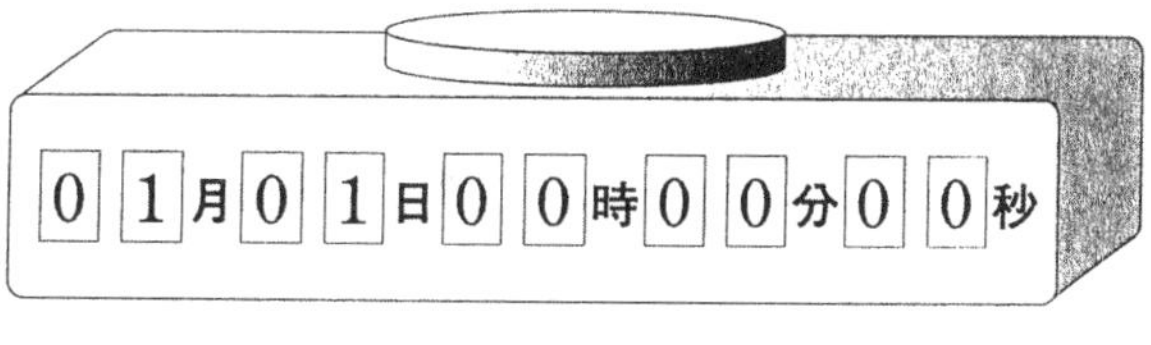

※実際の適性検査では、問題用紙と解答用紙は別になっています。

解説

都立桜修館中等教育学校では、適性検査と作文、報告書で入学者選抜を行っています。適性検査400点、作文200点、報告書を400点にそれぞれ換算し、総合成績1000点で評価します。適性検査では、小学校で学習した内容をもとにして、思考・判断・表現する力をみます。また、与えられた課題の問題点を整理し、論理的に筋道を立てて考える力、身近な生活を題材としてそのなかにある課題を自分の経験や知識で分析し、考えや意見を的確に表現する力もみます。作文では、適性検査に準ずる観点に加えて、進学後に勉学に意欲的な態度を保てるかどうかをみます。 2011年度の適性検査をみると、算・社・理の3科目が融合された問題で、日ごろの生活のなかで数字や規則性のあるものに関する興味が持てているかどうかが試されました。作文では、一編の詩がしめされ、それを読んで感じたことを500～600字で表現する問題でした。

併設型
2010年開校

東京都立

大泉高等学校附属中学校

（おおいずみこうとうがっこうふぞく）

「文武両道」の伝統を継承し自主・自律・創造の精神を育む

菊地（きくち） 芳男（よしお） 校長先生

東京都立大泉高等学校を設置母体として誕生した東京都立大泉高等学校附属中学校。２０１１年度末には、全面改築による中高一貫校としての新校舎が完成します。

リーダーとしての資質と行動力を身につける

【Q】御校の沿革と教育方針についてお教えください。

【菊地先生】本校は、東京都立大泉高等学校（以下、大泉高）を母体校に２０１０年（平成22年）に併設型中高一貫校として開校しました。

母体校である大泉高は、1941年（昭和16年）に東京府立第二十中学校として設立したのち、1950年（昭和25年）に東京都立大泉高等学校と改称され、今年で創立70年の伝統を誇る学校として歴史を刻んできました。

教育理念については、「学」「律」「拓」という3つの言葉を掲げています。

まず、生徒の自発的な学習を重視して、幅広い教養と高い知性を身につけたいと考えて〈自ら学び、真理を究める〉「学」。

また、自己を律し、他者をよく理解して協力できる生徒を育成する〈自ら律し、他を尊重する〉「律」。

最後に、厳しい現代社会のなかで自らの人生を自らで拓くために豊かな人間性を備え、社会で活躍できる資質と行動力を身につけた生徒に育成する〈自ら拓き、社会に貢献する〉「拓」。この3つの言葉です。そして、本校では、大泉高が掲げてきた文武両道の伝統を継承し、6年間の一貫した教育を行うことにより、社会のさまざま

学校プロフィール

開　校
2010年4月

所在地
東京都練馬区東大泉5-3-1

TEL
03-3924-0318

URL
http://www.oizumi-fuzoku-c.metro.tokyo.jp/

アクセス
西武池袋線「大泉学園」徒歩7分

生徒数
男子114人、女子126人

1期生
中学2年生

高校募集
あり

3学期制

週5日制

50分授業

入学情報
・募集人員
男子60名、女子60名　計120名
・選抜方法
報告書、適性検査（Ⅰ・Ⅱ）

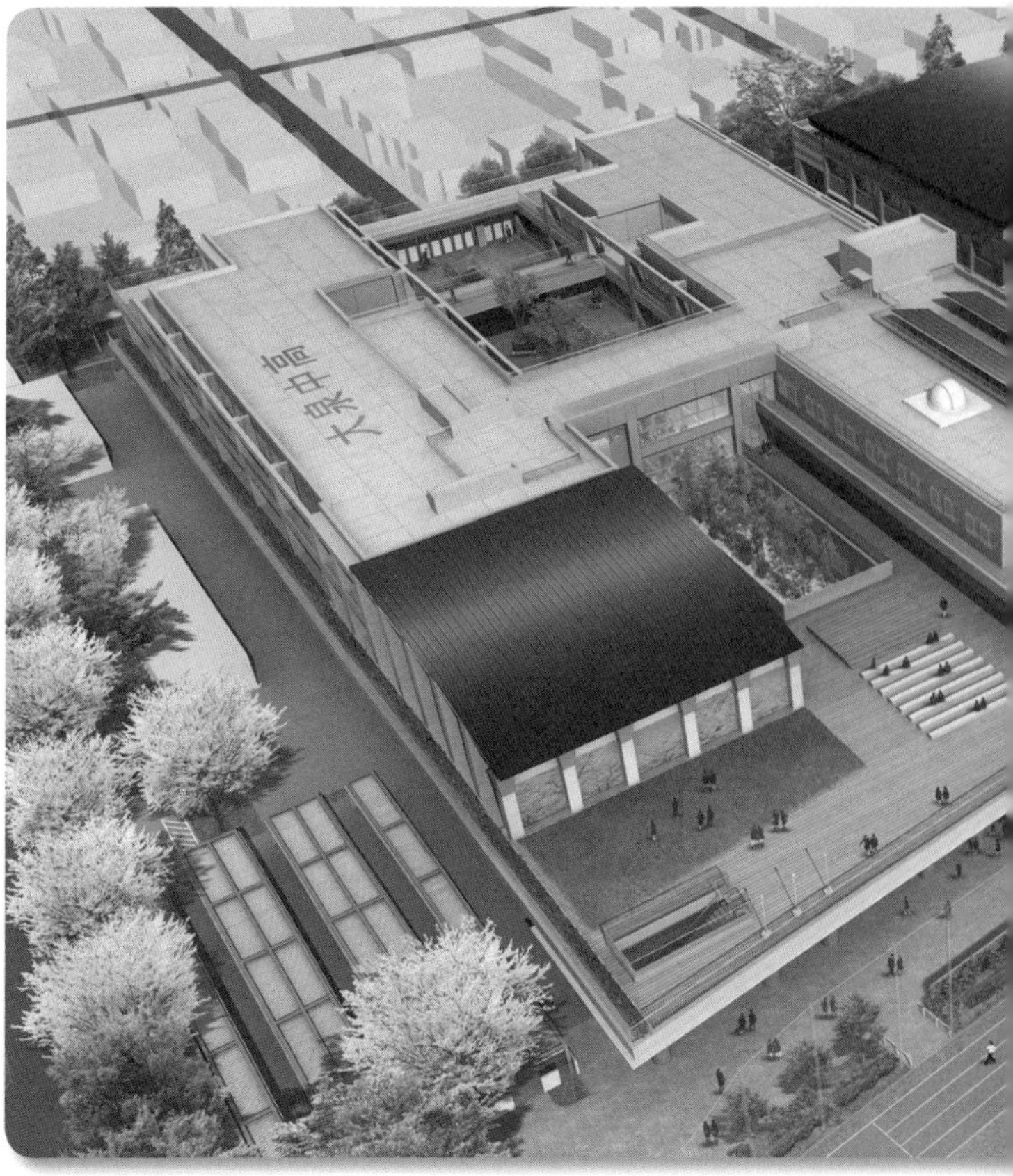

な場面において信頼を得てリーダーとなり得る人材育成をめざしています。

自校完成型教育システムの導入

【Q】御校では、どのような教育システムで学習に取り組んでいますか。

【菊地先生】3学期制の50分授業で、月曜日から金曜日まで毎日6時限目を基本として授業を行っています。

そのなかで、生徒の希望進路を実現するために、自校完成型教育システムを導入して学力の定着をはかっています。

自校完成型教育システムとは、「授業」、「土曜演習・土曜講習」、「TIR（ティーチャー・イン・レディネス）」で展開される学習を総合したシステムのことです。

まず、「授業」では、6年間一貫したカリキュラムを編成しています。将来、さまざまな分野に進めるように高校2年次までは共通のカリキュラムで文科系・理科系の両方に対応する幅広い教育をめざしています。

中学時に高校で学習する内容の一部を発展的に学んだり、新学習指導要領に示された標準時数よりも週に1時間授業を増やして、中1で理科、中2で数学、中3で国語を学び、確かな学力を身につけさせます。

そして、土曜日を活用して、月に数回の「土曜演習・土曜講座」を実施しています。

土曜演習では、数学・英語を中心に、学んだ内容を繰り返し学習し、基礎基本の確実な定着がはかられます。土曜講座は、自然科学や社会科学など幅広い分野の講演を開き、学びへの興味や関心を高めています。

特色ある カリキュラム紹介

1 ティーチャー・イン・レディネス（TIR）

通常の補習とはちがい、放課後に自由に学習できる学習支援ルームを設置し、生徒が自主的・主体的に自学自習に取り組めるシステムを導入しています。

授業の復習や予習サポート、計画的な利用による学習習慣の確立、教え合いをとおした学力の定着を目的に、常駐の教師が各自の学習課題に応じた個別指導を実施し、学習支援ルームに行けばいつでも質問できる体制を整えています。

2 学びへの興味・関心を高める土曜講座

全学年の生徒を対象に土曜日を活用して、生徒の学びへの興味・関心を深めるために教科の演習やキャリアガイダンスなど、自然科学や社会科学などの幅広い分野の講座を開き、学びへの興味・関心を高めて、学習の動機付けを行っています。

毎週4時間、主要5教科の学力の定着をはかる時間として、授業ではなく演習や実験などを実施します。

また、民間企業、大学など各界から有識者を招いた講座により、さまざまな職業に触れる機会や、進路講座などを設けて、生徒の進路希望の実現を可能にするために多く実践しています。

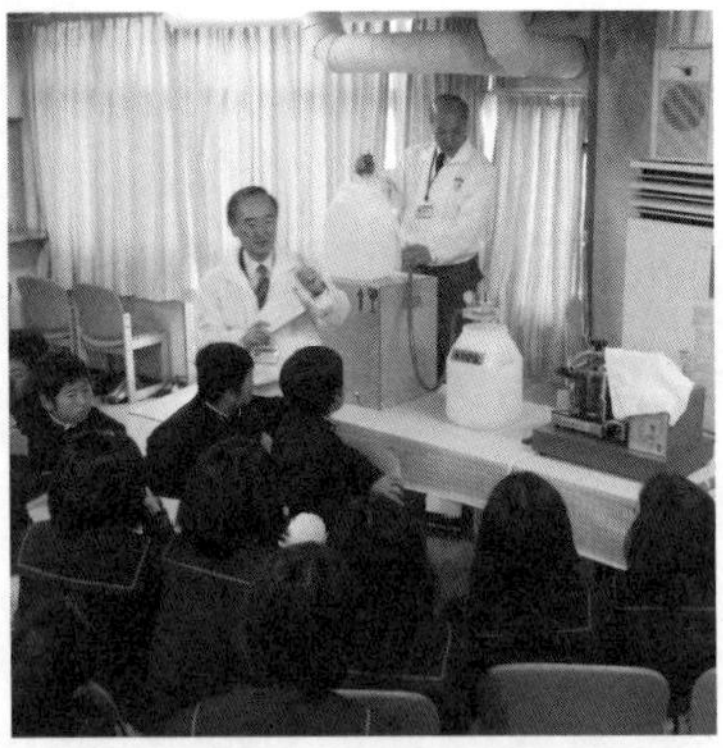

さらに、放課後の一定時間、教員が学習支援ルームに控えて、授業でわからなかったことや授業の予習など、生徒個別の学習課題を支援する制度を設けています。これが「TIR」です。全学年を対象に、水曜日を除く放課後に実施されます。

本校では学校で学習を完成させたいという趣旨から「自校完成型教育システム」を導入しています。この取り組みは生徒が進路の実現を可能にする実力を身につけるために実践しています。

「探究・体験」をいかした教育活動の充実

【Q】御校が行われている特色ある授業についてお教えください。

【菊地先生】本校は、1学年3クラス、1クラス40名（男女20名ずつ）で授業に取り組んでいます。

数学や英語においては1クラス2分割の少人数授業や習熟度授業を取り入れて、きめ細かな指導を行ってます。

また、読書習慣や落ち着いた学習習慣の定着をはかるために、毎朝8時10分から読書の時間を設けています。

特色ある教育のひとつとして「大泉の探究」は、おもに総合的な学習の時間の〝探究活動〟のなかで、環境について主体的にかかわるとともに、各教科の授業や土曜講座などと連携しながら学びを進めてます。1学年3クラスを30班に分けて、中1～高2で実施されます。

たとえば、中1では〈ひまわりプロジェクト〉としてひまわりをテーマに探求しました。「大泉の探究」では課題設定、実験・観察、調査、議論、発表などのプロセスをとおして学びを深めるとともに、論理的な思考力、判断力、表現力などを育成しています。

教育管理システムで学力の推移を確認

【Q】キャリア教育、進学指導に、6年間の中高一貫教育をどのようにいかされていますか。

【菊地先生】本校でのキャリア教育は、6年間を発達段階に応じて、「基礎充実期」（中1～中2）、「挑戦期」（中3～高1）、「創造期」（高2～高3）と3期に分け、計画的に実施しています。

「基礎充実期」は学ぶこと、働

年間行事

おもな学校行事（予定）

4月	入学式　入校時テスト
5月	体育祭　生徒総会
6月	探究遠足
7月	夏季講習　勉強合宿 クラスマッチ
8月	
9月	学習発表会　生徒会役員選挙
10月	到達度テスト　定期考査
11月	生徒総会　探究遠足
12月	芸術鑑賞教室
1月	歌留多大会
2月	合唱コンクール 到達度テスト
3月	総合全体発表会 クラスマッチ

くことの意義・役割や多様性を理解する。「挑戦期」は将来の生き方や生活を考え（10年後計画）将来設計をする。「創造期」は希望進路の実現のために自己の能力を磨く。このような中高一貫した教育を行うことにより、将来、豊かな人間性を備え、進んで社会に貢献できる生徒になってほしいと考えています。

進学指導では、「理解確認シート」を作成して、それぞれの単元ごとに理解されているかどうかをチェックし、自分のウィークポイントを把握しています。また、教育管理システムが取り入れられ、定期考査の結果や年3回の学力測定が「学習カード」に記録され、自分の学力の推移が確かめることができます。

２０１１年度末に中高一貫校の新校舎完成

【Q】御校をめざすみなさんへメッセージをお願いします。

本校では入学者選抜の適性検査について、過去の問題を使用した適性検査への対応策を「子どもたちに身につけさせたい8つの習慣」というタイトルで、「広報情報部だより」に掲載し、受検生に配布してます。

保護者のかたがお子さんと接するときにどのようなことをすればいいのか、日常的に取り組めることを家庭の習慣として取り組んでいただけたらという思いでつくりました。本校を志望する生徒さんだけではなく、多くの小学生にも見ていただけたらいいなと思います。

２０１１年度末には、併設型中高一貫校として、中学校と高等学校が交流しながらともに学ぶことができる新校舎が完成します。恵まれた教育環境のなかで、大泉の新たな歴史がつくられていきます。

本校を志望する生徒さんに対しては、積極的な姿勢でなにかに取り組んでみたいという目標がある生徒さんや、しっかり勉強して、自分のよいところを伸ばしていきたいという生徒さんに入学してほしいと考えてます。昨年開校したばかりなので、充実した学校生活を送りながら、いろいろなことにチャレンジして新たな学校文化をみなさんと創造していけたらと思います。

先　生：まず、＜資料１＞を見てごらん。横軸（A）は、１年間に国内で食料品に使われた金額の中で、それぞれの品目に使われた金額の割合を示しているんだ。だから、横軸だけでグラフを見れば帯グラフと同じだよ。例えば、お米には全体の中で14%の金額が使われているということを示しているんだ。そして縦軸（B）は、それぞれの品目のうち、国内で生産されたものの金額の割合を示しているんだ。だから、お米では消費された金額のうち国内で生産されたものに使われた金額が96%だということが分かるんだよ。白い部分は輸入されたものに使われた金額を示しているんだ。

いずみ：２つの軸を一度に使うといいことがあるのですか。

先　生：そうだね。お米と畜産物を比べると、お米は使われた金額は畜産物より少ないけれど、主に国内で生産されたものでまかなわれている。畜産物は、お米より使われた金額は多いけれど、国内で生産されたものに使われた金額の割合は低く輸入されたものに使われた金額が多いということが一目でわかるんだ。
（ア）

いずみ：それぞれの特徴を比べることができて分かりやすいですね。

先　生：＜資料２＞は、横軸（C）は国内ですべての食品で供給したカロリーの中で、各品目が供給したカロリーの割合を示し、縦軸（D）は各品目の供給したカロリーの中で、国内で生産されたものが供給したカロリーの割合を表しているものだよ。見方は＜資料１＞と同じだよ。

いずみ：２つを見比べると、＜資料２＞のほうが、色のついた部分が少ないですね。

先　生：実際の生活では、カロリーがどれくらい国内で生産されたものでまかなわれているかが大事なんだよ。野菜を見比べてごらん。＜資料１＞では、使われる金額の割合は１９％と高く、そのうち国内で生産されたものがしめる割合も高いんだ。ところが、＜資料２＞では、国内で生産されたものがしめる割合は同じように高いのだけれども、供給したカロリーの割合は低いんだ。これは、野菜自体が価格に比べカロリーは低いということが考えられるんだ。
（イ）

【問題１】① ＜資料１＞において、米、野菜、果実から２つ選び、下線部（ア）を参考にして、２つの特徴を比べなさい。

② 米、魚介類、果実の中から１つ選び、下線部（イ）を参考にして、＜資料１＞と＜資料２＞を比べ、その違いが出る理由として考えられることを１つ挙げなさい。

学校別適性検査分析

東京都立大泉高等学校附属中学校

募集区分　一般枠

入学者選抜方法　適性検査Ⅰ（45分）、適性検査Ⅱ（45分）、報告書

資料を読み解き疑問を持つ

しめされたグラフを読み解く力が必要。どのように読み解くかを考え、ふたつのグラフの関係を考える力も必要になる。

条件を満たして表現する

与えられた条件を満たしながら、導きだした自分の考えを、他者に的確にわかりやすく伝えられる表現力が試されます。

2011年度 東京都立大泉高等学校附属中学校 適性検査問題Ⅰより

3　いずみさんは、スーパーで買い物をしたとき、外国産の食品が多く売られていることに気が付きました。そのことを学校の先生に話すと、先生は<資料１>、<資料２>を見せてくれました。

<資料１>生産額をもとにした食料自給率(平成21年度)

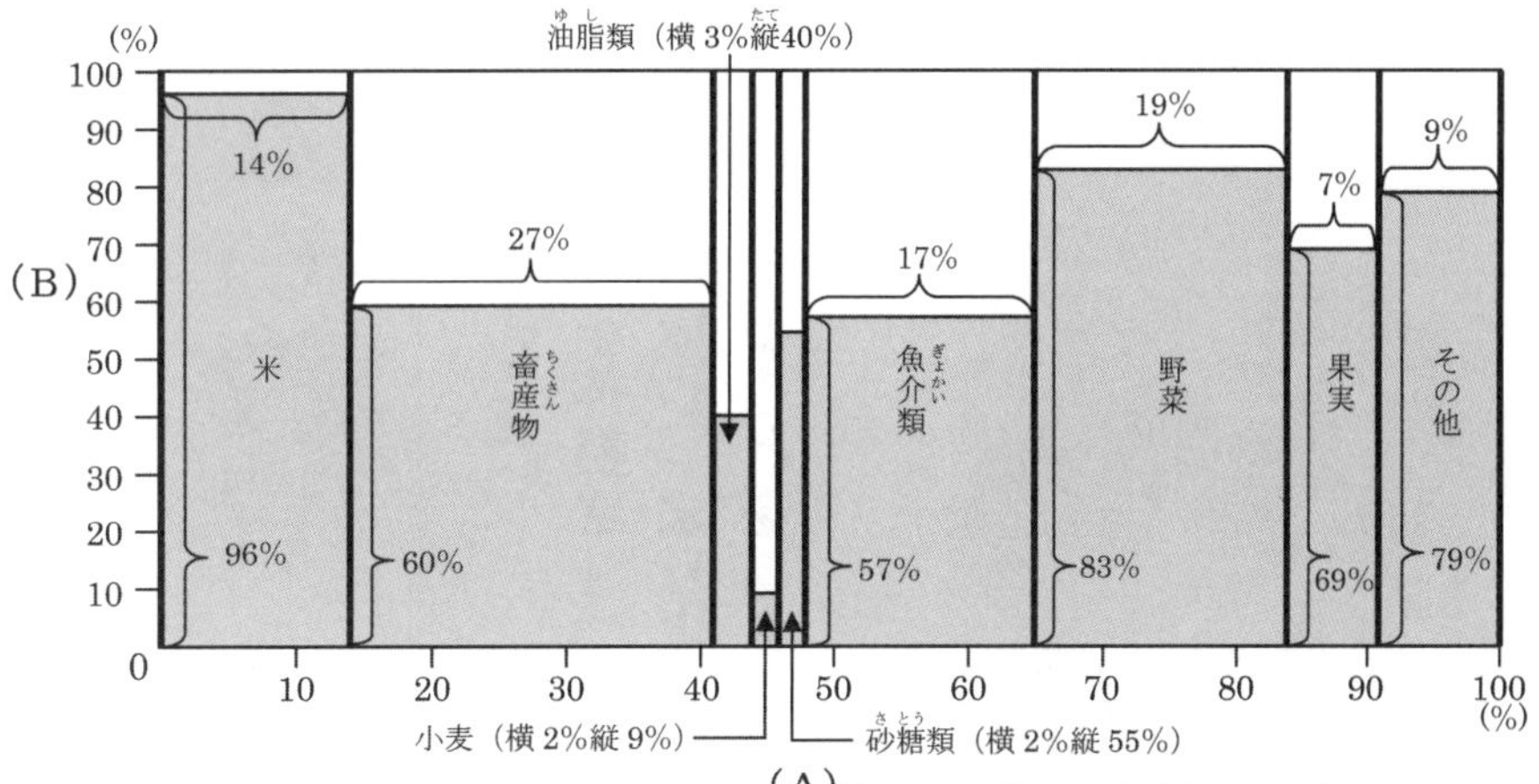

(農林水産省「平成21年度食料自給率等について」より作成)

<資料２>カロリーをもとにした食料自給率（平成21年度）

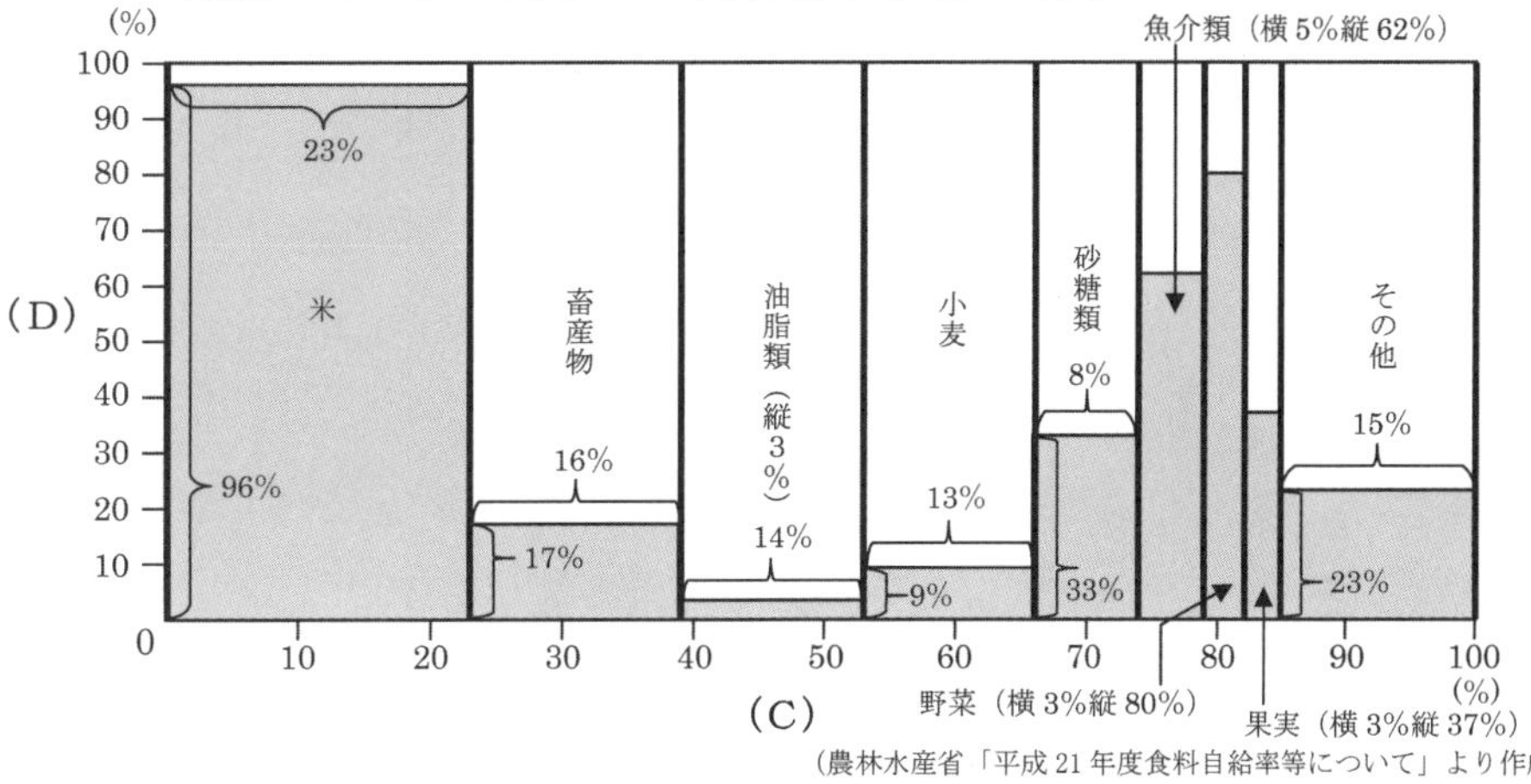

(農林水産省「平成21年度食料自給率等について」より作成)

いずみ：このグラフは何ですか。

先　生：これは食料自給率のグラフだよ。<資料１>は、生産額をもとにしたもので、<資料２>は、カロリーをもとにしたものなんだ。カロリーとは食品に含まれた栄養の量を表した単位だよ。

いずみ：どうやって見るのですか。

解説

都立大泉高等学校附属中学校の入学者選抜では、適性検査Ⅰは200点を換算して300点満点に、適性検査Ⅱは200点満点を換算して500点満点とします。報告書は400点満点で点数化後、200点満点に換算、合わせて1000点満点の総合得点で合否を判断します。適性検査Ⅱの比重が重いのが特徴です。

適性検査Ⅰでは、文章を読み取る力と自分の考えや意見を的確にまとめる力をみます。配点の高い適性検査Ⅱでは、図、グラフ、表などの複数の資料を分析・考察し、関連づけて読み取る力、また、与えられた課題や資料から問題点を整理し、筋道を立てて考え、解決する力をみます。そして、導きだした自分の考えを、理論的に他者にわかりやすく表現する力もみています。適性検査Ⅰは私立中学入試の国語の出題に似ており、ボリュームのある適性検査Ⅱは、国・算・社・理、４教科の融合問題です。

中等教育学校
2006年開校

千代田区立

九段中等教育学校

変わる学校　変わらない教育

『個性的自立―Be Yourself!』
生徒一人ひとりが個性を伸長させつつ自己を確立させるなかで、人として自律し、よりよい社会を築くことのできる人材を育成することを基本の理念としています。

倉田　朋保　校長先生

高い志を持った生徒を育てる

【Q】御校の教育理念「個性的自立」「人間尊重の精神」「自主自律の精神」という3つの柱についてお話しください。

【倉田先生】 本校では、次代のリーダーになる高い志を持った生徒を育てていくことをめざして、教育理念を掲げています。6年間の一貫した教育活動のなかで、豊かな人間性や幅広い教養を生徒たちが身につけられるように、教育課程を編成しています。

【Q】教育目標「豊かな心、知の創造」についてもお教えください。

【倉田先生】 「豊かな心」とは、自分に対する心、相手に対する心、社会や自然に対して感動できる心です。「豊かな心」の育成については、さまざまな教育活動をとおして取り組みたいと考えています。

そして、「知の創造」に関しては、基礎的な知識の獲得がとても大切であり、その知識を活用して課題発見や問題解決の能力を身につけていかなければいけないということを生徒たちに伝えています。

【Q】人間性育成のキーワードとしている「学ぶ」「鍛える」「生きる」についてご説明ください。

【倉田先生】 「学ぶ」では、本校には非常にきめ細かなたくさんの内容が用意されています。実際に学びながら、部活動やいろいろな行事をとおして自分のこと、友だち

学校プロフィール

開　校
2006年4月

所在地
東京都千代田区九段北2-2-1（九段校舎）
東京都千代田区富士見1-10-14（富士見校舎）

TEL
03-3263-7190

URL
http://www.kudan.ed.jp/

アクセス
地下鉄東西線・半蔵門線・都営新宿線「九段下」徒歩2分、JR総武線・地下鉄東西線・有楽町線・南北線・都営大江戸線「飯田橋」徒歩10分

生徒数
男子435名、女子449名

1期生
6年生（高校3年生）

高校募集
なし

2学期制

週6日制

50分授業

入学情報
・募集人員
（千代田区民）男子40名、女子40名　計80名
（千代田区民以外の都民）男子40名、女子40名　計80名
・選抜方法
報告書、適性検査

関係を「鍛える」のです。

そして「生きる」は、そうしたものを統括しながら、自分はどう人間としてあるのか、生きるのか、というキャリア教育が柱になり、人間性育成に結びつけていくことです。

【Q】御校の学期制と授業時数、また、土曜日をどのように使われているかお教えください。

【倉田先生】 授業時数の確保から2期制を採用し、50分授業で平日6時間、土曜日4時間の授業が行われています。

土曜日の授業については、「前期課程」（中1～中3）で、授業を年17回、「後期課程」（高1～高3）では、年32回行っています。それに加えて土曜予備校を年15回行います。これは大手予備校の講師が英語と数学の授業を各90分行うものです。4クラス4展開の習熟度別クラス編成となっております。

3期に分けて行う 6年一貫教育

【Q】6年間を見通した教育体制についてお教えください。

【倉田先生】 本校では、6年間を3つに分け、「基礎学力養成期」（1～2年生）、「充実期」（3～4年生）、「発展期」（5～6年生）と位置づけて、取り組んでます。

中高一貫校ですので、中学段階でも高校の内容を発展的な学習として組みこんでいます。5年生の段階までに、高校の学習内容が修了できるような授業時間数を確保しているのです。そして、5年生が終わったときに、生徒たちの多様な進路の選択に対応できるようになっています。

最終学年の6年生になると、自分の志望する大学に合わせた講座を週20時間選びます。

特色ある カリキュラム紹介

1 グローバルコミュニケーションの育成をめざす英語教育の取り組み

英語科では、Global Communication（伝えたいことを英語で正確に伝えられる力）の育成をめざす英語教育を行っています。前期課程では、とくに音声教育が大切にされ、内容の理解も文法の学習もまず音声から指導されています。週に1回はEA（English Activity）というネイティブスピーカーといっしょの授業があります。後期課程でも、音声教育を大切にしている点は変わりません。教科書の音読が重視され、内容を英語で発表する活動も継続されています。英文の多読、速読、精読など、さまざまな読解の授業が行われます。

また、「放課後サロン」があります。ALT（Assistant Language Teacher）が2名いて、生徒が自由に英語だけで会話を楽しむことができる場所です。行事では、「英語合宿」が2年生で行われ、福島県のブリティッシュヒルズに行き、合宿中は英語だけの生活になります。

2 「総合的な学習の時間」を重要な位置づけとする

1年生では、「総合的な学習の時間」を使って「環境問題を知る」という取り組みが週2時間行われています。1年生の9月までの段階で環境という課題から学び方を学習します。10月以降は、地域企業の協力を得て、日常生活に根づいた課題を解決するという、大きなテーマが生徒たちに与えられます。そのテーマに沿って、グループでそれぞれの企業に行きます。

そして、企業のかたからいろいろな意見を聞き、生徒たちの考えや課題解決案を提案して発表します。

2年生、3年生、さらに後期課程でも、こうした学びを積みあげていくなかで、各学年の研究成果としてまとめた冊子がつくられています。

そして、5年生の後半から6年生では、「卒業研究」という課題のもとに九段の学びを完成させていくことになります。

選択する講座の内容によって文系・理系のちがいができますが、国公立大・私立大のどちらにも対応できるように、教育課程が編成されています。

【Q】「おはようスタディ」「放課後スタディ」についてお話しください。

【倉田先生】 本校の朝は「おはようスタディ」で始まります。朝8時からの20分間を利用して、外国人留学生による「イングリッシュシャワー」や朝読書（前期課程）、朝学習（後期課程）にあてられているのです。

「イングリッシュシャワー」とは、1クラスにひとりの外国人が生徒と英会話などをして、耳による英語を楽しむ時間のことです。

苦手教科ができた生徒に対して行われるのが、「放課後スタディ」です。放課後の時間を使って5～10名の少人数で授業が行われます。現在では、近隣の大学から30名ほどの学生アシスタントが登録され、指導にあたっています。

また、英・数・国の3教科で遅れがちな生徒に対しては、放課後45分間の個別指導を指名制で行っています。

【Q】少人数制授業および習熟度別授業は行っていますか。

【倉田先生】 本校は、1学年4クラスで、男女20名ずつの1クラス40名となっています。

2年生の後半からは、英語や数学において習熟度別による1クラス20名程度の少人数制授業を取り入れています。

3年生からは全教科において少人数制授業、および1クラスに教員が2名になるTT（チームティーチング）での授業が基本となります。体育や芸術など実技教科のほとんどの授業がTTになっています。高校では、完全に習熟度別授業です。1クラス2展開や3展開になっていますが、この習熟度別クラス編成はその教育効果を現在再検討しています。

生徒一人ひとりの進路実現をはかる

【Q】オーストラリア研修についてお話しください。

【倉田先生】 2年生は、希望者のなかから20名を選抜してオーストラリアへ10日間のホームステイへ行きます。そして、3年生のオーストラリア研修では、2年次に選

年間行事

おもな学校行事（予定）

4月	入学式　始業式　ホームルーム合宿（1年）
5月	体育祭
6月	
7月	勉強合宿
8月	至大荘（遊泳訓練）
9月	音楽鑑賞教室（1年） 九段祭　前期終業式
10月	オーストラリアホームステイ（2年選抜）
11月	ウエストミンスター派遣（2年選抜）　オーストラリア研修旅行（3年）
12月	進級認定考査 関西課題探求合宿（5年）
1月	英語合宿（2年）
2月	クロスカントリーレース
3月	雅楽教室（1年） 学習発表会　修了式

抜された20名が中心となって自主的に研修を行います。これは、英語教育だけでなく、リーダー育成をもめざしています。

【Q】進路・進学指導はどのようにされていますか。

【倉田先生】本校では6年間をとおしたキャリア教育が行われています。

1年生では企業にはどのようなものがあるのかを学び、2年生で職場体験をし、3年生では自分の適性をいかす進路はどのようなものかを考えます。

4年生では大学の協力も得て、東大を訪問するということも行っています。

また、学力テストや模擬試験、小論文学習などを行い、進学準備にじゅうぶんな配慮をしています。大学進学について、本校のカリキュラムは、国公立・私立、文系・理系のような構成は取っていません。どのようにでも対応できるかたちになっています。ですから、生徒が第1志望とし、本人の資質能力を最大限にいかすことのできる大学へ進学させるなど、生徒一人ひとりの進路実現をはかることが本校の使命だと考えています。

【Q】九段校舎と富士見校舎の改修が始まっていますね。

【倉田先生】九段校舎の改修とともに、道をはさんで向かいにある富士見校舎に少人数教育を行う教室が設置されます。本校には温水プールがあるので、遊泳訓練となる「至大荘」行事へ向けて年間をとおした水泳指導ができます。

また、九段校舎の屋上には天体ドームがあり、5階はすべて理科室になっています。施設・設備面でも充実しています。

【Q】最後に、御校にはどのような生徒さんに入学してほしいですか。

【倉田先生】自分で夢や希望をしっかり持ってほしいですね。そして、その夢や希望に向かって自己実現していく努力が大事なのだと思います。

与えられてやるという部分だけではなく、自分でこれは大事だと思ったら、それにアプローチしてほしい。そして、その課題に取り組むための持続力を持ち努力をしようという気持ちのある生徒に、ぜひ本校に来ていただきたいと思います。

〔はるお〕［図２］の利根川と信濃川の流量変化からどのようなことがわかるかな。月平均流量とはそれぞれの月で１秒間に流れた水の量の平均だよ。

〔あきこ〕関東地方を流れる利根川の2005年の月平均流量は、夏に多くて冬に少ないわね。一番流量が多いのは、８月だわ。なぜかしら。

〔はるお〕利根川の月平均流量は、梅雨の長雨や台風の影響（えいきょう）で、７月や８月に利根川に流れ込む水が多くなっているんだよ。

〔あきこ〕それに比べて、信濃川の月平均流量は４月が多いわね。でも、［図３］を見ると、十日町での４月の降水量は少ないわ。［図４］を見るとわかるように十日町も小千谷も信濃川の流域なのよね。

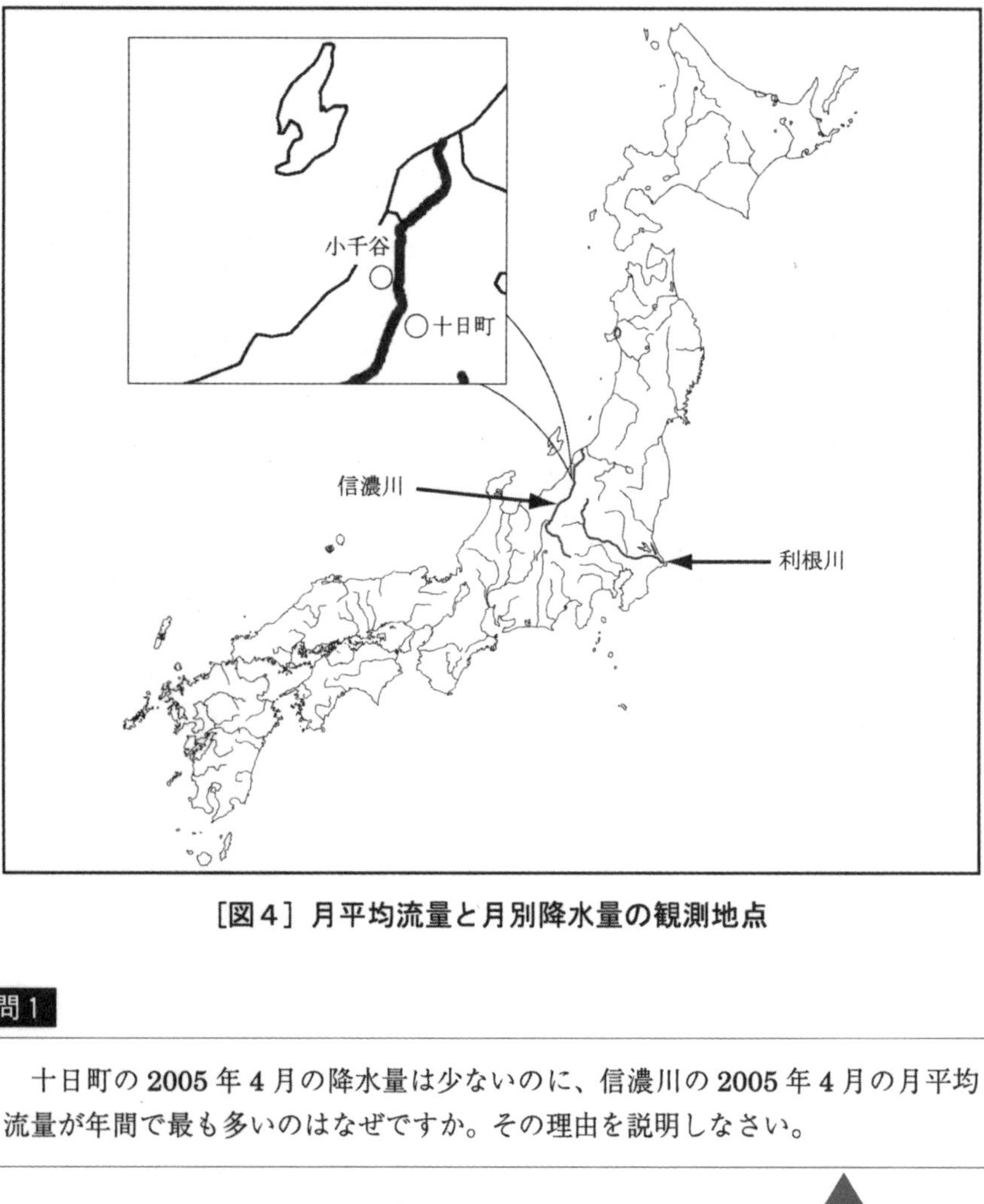

［図４］月平均流量と月別降水量の観測地点

問１

十日町の2005年４月の降水量は少ないのに、信濃川の2005年４月の月平均流量が年間で最も多いのはなぜですか。その理由を説明しなさい。

学校別適性検査分析
千代田区立九段中等教育学校

募集区分　区分Ａ（千代田区内在住）区分Ｂ（千代田区外の都内在住）

入学者選抜方法　適性検査１（60分）、適性検査２（60分）、報告書、志願者カード

資料を読み解く

グラフと地図、ヒントとなる文章から必要な情報を読み取り、気候と川の関係をイメージできる力が試される。

表現する・文章をつくる

「なぜ」の答えを導きだしたあと、わかりやすい文章で表現、説明する力(解答スペースは約50～60字)。

2011年度 千代田区立九段中等教育学校 適性検査2問題より

3 はるおさんとあきこさんは、利根川と信濃川の流量について調べています。

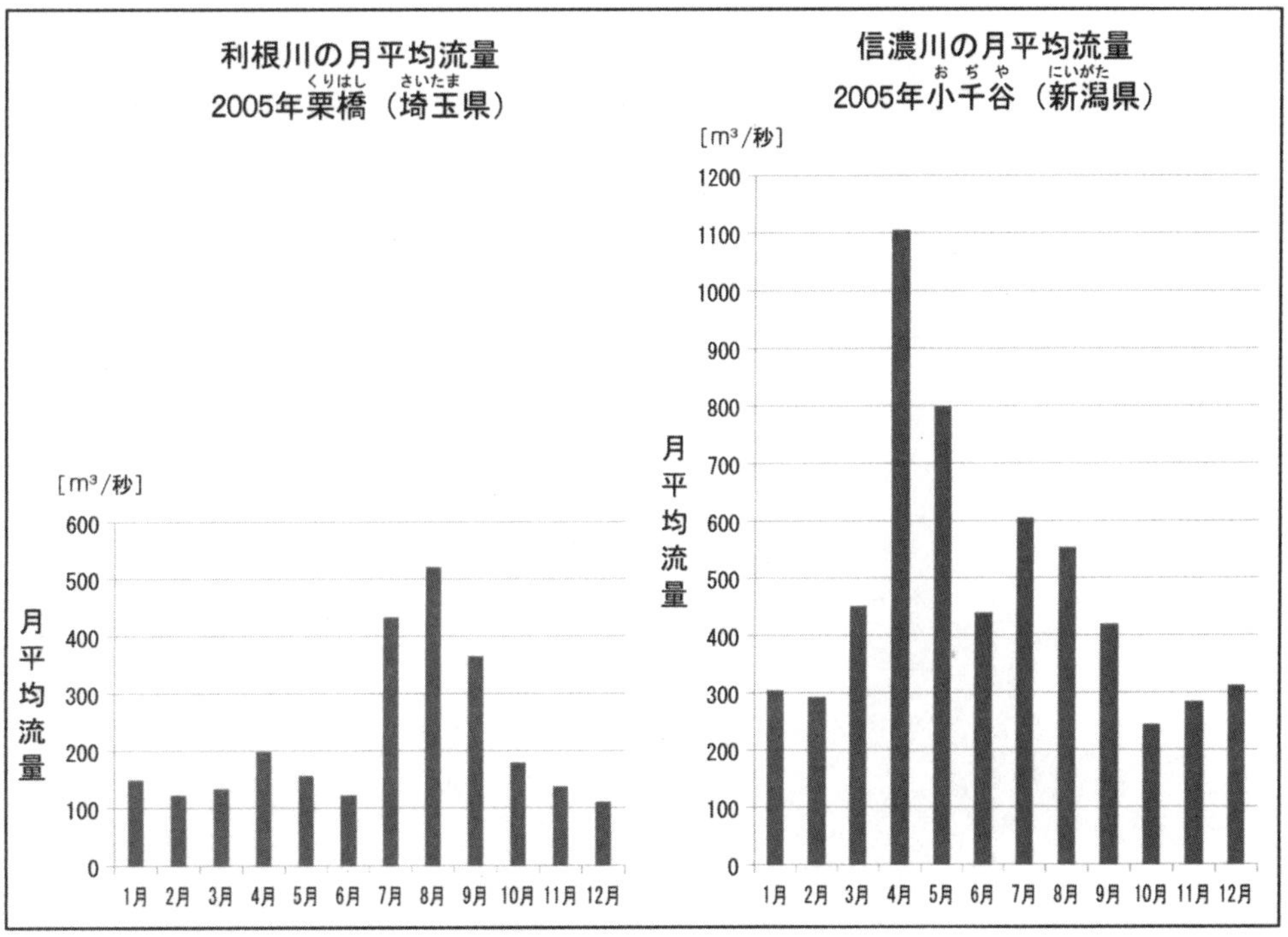

［図２］利根川と信濃川の月平均流量

〔国土交通省　水文水質データベースより作成〕

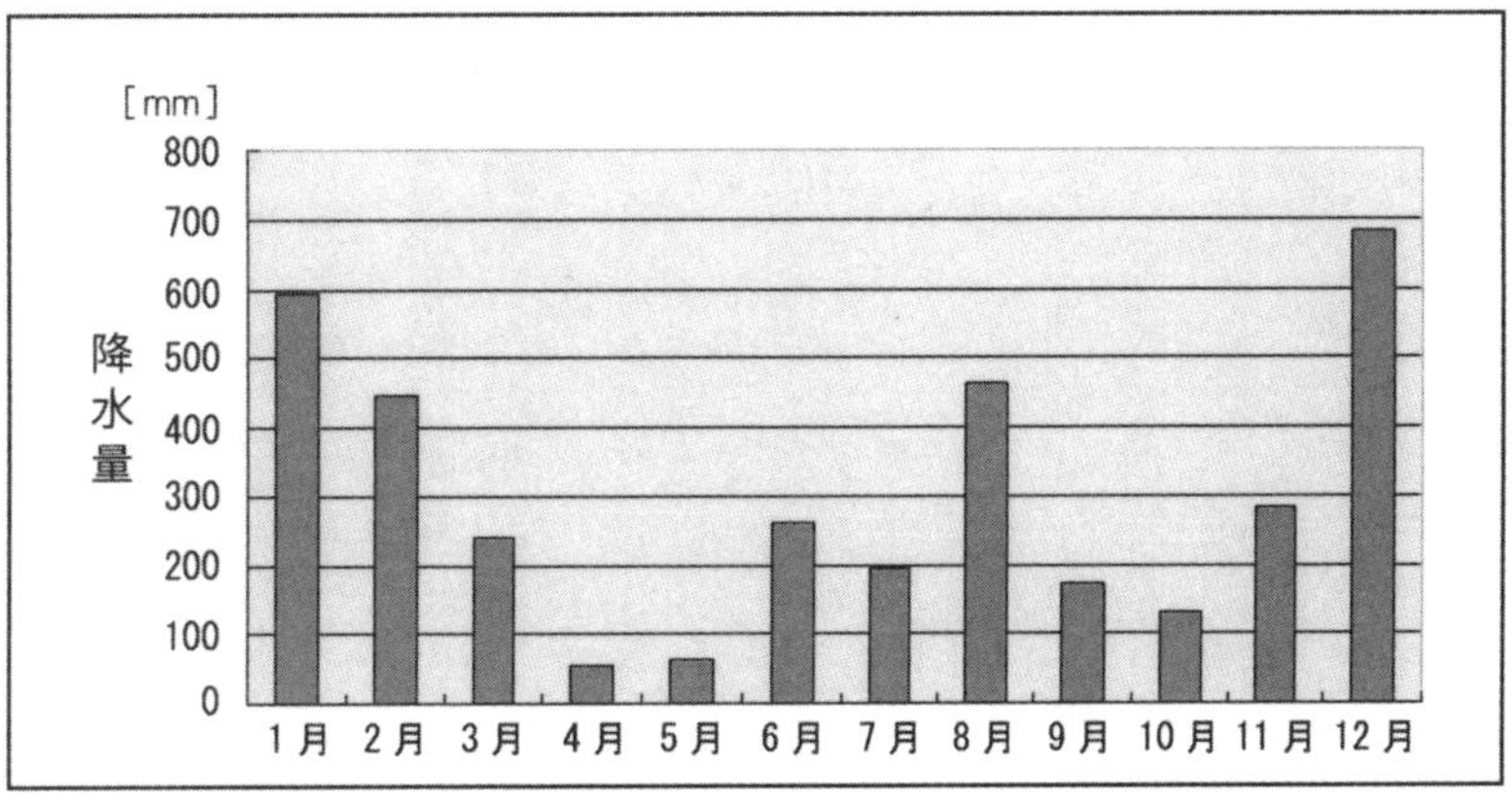

［図３］2005年十日町（新潟県）の月別降水量

〔気象庁ホームページより作成〕

解説

千代田区立九段中等教育学校の適性検査は、小学校で学習した基礎的な内容をベースに、単に教科の知識量を見るのではなく、以下の４項目で表せるような、学習活動への適応能力、問題解決への意欲や自己の将来展望、時事への興味・関心を試すのが基本です。「基本」とは言うものの、作文表現や、教科を横断した融合問題は毎年ユニークな問題が並びます。過去問で慣れておかないと、かなり難しく感じるものでしょう。

①文学的文章や説明的文章などについて理解し、表現する力を見る。
②数量や図形の意味を的確にとらえ、多面的にものを見たり、考えたりする力を見る。
③日常生活に関連する課題を発見し、広い視野から分析し、解決する力を見る。
④自己の興味・関心、能力・適性を理解し、将来の生活や生き方を考える力を見る。

中等教育学校
2006年開校

東京都立

小石川中等教育学校

建学の精神に則り 小石川教養主義を貫く

府立第五中学校の流れをくんだ小石川高等学校を母体として生まれた小石川中等教育学校。公立でありながらも、設立の精神を忘れず、90年以上、連綿と続く教育理念をもとに小石川教養主義を実践しています。

伝統を受け継ぎ 誕生した中高一貫校

【Q】御校の設立の経緯をお教えください。

【栗原先生】本校は、２００６（平成18年）にだされた都立高校改革推進計画をもとに小石川高等学校を母体として開校しました。小石川高校は、府立五中から連なる非常に伝統ある高校です。当初は、この伝統校を改編するということで賛否両論ありましたが、府立五中の教育目標であり校是の「立志・開拓・創作」と校歌をそのまま受け継ぐ、言い換えると府立五中以来の教育理念をずっと貫いていくというかたちで開校したわけです。２００６年に開校しましたので、1期生がいま6年生（高校3年生）になっています。

【Q】その府立五中からつづいている校是についてお教えください。

【栗原先生】「立志・開拓・創作」とは、自ら志を立て、自らが進む道を自らが切り拓き、新しい文化を創り出す、という意味です。これはなにごとも自分が主体となって、自ら考え自ら行動する、そういう自主自立の精神を謳っています。これは小石川のＤＮＡだと思っております。私立学校には建学の精神があり、公立にそういったものがないと思われることが多いですが、小石川には建学の理想が現在にいたるまでそのままつながっており、よく私立みたいですねと言われます。

栗原 卯田子 校長先生

学校プロフィール

開　校
2006年4月

所在地
東京都文京区本駒込2-29-29

TEL
03-3946-7171

URL
http://www.koishikawachuto-e.metro.tokyo.jp/

アクセス
都営三田線「千石」徒歩3分、JR山手線・都営三田線「巣鴨」徒歩10分、JR山手線・地下鉄南北線「駒込」徒歩13分

生徒数
男子463名、女子493名

1期生
6年生（高校3年生）

高校募集
なし

3学期制

週5日制

45分授業

入学情報
・募集人員
（特別枠）5名以内
（一般枠）男女各80名から特別枠募集での入学者を引いた数
・選抜方法
（特別枠）報告書、作文、個人面接
（一般枠）報告書、適性検査（Ⅰ・Ⅱ・Ⅲ）

【Q】御校の特徴でもある「小石川教養主義」とはどのようなものなのですか。

【栗原先生】府立五中以来大事にされてきたリベラル・アーツを、私たちは小石川教養主義と呼んでいます。本校のカリキュラムをご覧いただくとわかりますが、高校段階においても理系・文系に分けていません。学年で一本の全科目共通のカリキュラムが示されています。

理科や社会ではさまざまな科目がありますが、全員がすべての科目を学びます。また、3年生で週1時間、5年生（高校2年生）で週2時間を課題研究にあて、それぞれ自らテーマを設定して論文を作成します。

進む道はそれぞれが自分で選んでいくわけですが、自分をつくっていく土台として、教養というものがとても大切になります。あらゆることを自ら身につけ、それを土台に、さまざまな知識を裏付けとした自分の論を展開していくことが必要であり、そうした考え方を小石川教養主義としています。

小石川教養主義に則（のっと）りすべての科目を全員が履修すると、どうしても科目数が多くなってしまいます。

そのため、現在は3学期制で授業は週34時間、45分授業を7時間で行っています。

【Q】御校が掲げる「理数教育」と「国際理解教育」についてお教えください。

【栗原先生】「理数教育」は、府立五中の建学の理想、「科学の道」から続いているものです。府立一中（現・日比谷高校）～府立四中までの旧制中学は日本のリーダーを育てるという目的のために設立されましたが、府立五中は新しい学校として、科学の道、つまりサ

特色ある カリキュラム紹介

① 複合的な学習で興味関心を高める「総合的な学習の時間」

小石川の総合的な学習の時間では、「言語文化（国語・英語）」、「国際理解（社会・英語）」、「自然科学（数学・理科）」の3分野について、1～5年生まで計画的に学習します。「言語文化」は自分の考えを言葉で表現する力・調査力や発表力などを鍛えます。新聞記者のかたに話を聞くなどし、最終的にはスピーチコンテストが行われます。「国際理解」は、社会科と英語科のふたつの側面からアプローチし、さまざまな国の文化を学んだり、留学生との交流を行います。また、オーストラリアへの語学研修の前には、オージーイングリッシュ講座が開かれます。「自然科学」の時間は、物理・化学・生物・地学などの科学の基礎について、考え方から顕微鏡の使い方、レポートの書き方まで学びます。

② 生徒の成長に合わせて計画的に行われる宿泊をともなう行事

小石川には6年生を除く各学年において、宿泊をともなう行事が用意されています。1年次には、まず仲間づくり、クラスを形成するための「ホームルーム合宿」が4月の末に2泊3日で御殿場の国立中央青年の家で行われます。2年の「国内語学研修」は代々木のオリンピックセンターで生徒8人につきひとりの先生が英語を教え、英語漬けの日々を体験します。そして、3年生では、「海外語学研修」として全員がオーストラリアに2週間行きます。「ひとり1家庭のホームステイ」をし、現地の学校に通います。自分が外国人となって、外国で生活するという経験は、アイデンティティの形成とともに、生徒が成長できる場となっています。4年生では、「自然体験」として、農家に2泊3日でホームステイし、「農業」を体験します。そして5年生では、「海外研修旅行」として、シンガポールとマレーシアに行きます。事前にそれぞれの文化を学習し、現地の学校と交流を行います。

各学年に宿泊を伴う行事を用意することによって、国際感覚を身につけ、生徒の自主性を養っています。

イエンスをひとつの建学の理想としたのです。これは理科系の人間をつくるという意味ではなく、サイエンスというものを活用して論理的思考力を育成していくということでした。

その理念がいまでも根づいており、現在では小石川高校に続いて小石川中等教育学校もＳＳＨ（スーパーサイエンスハイスクール）に指定され、通算10年間のＳＳＨ校の指定となります。

「国際理解教育」は21世紀の新しい学びを創造するというなかで、国際社会にある課題を解決していく人間をつくっていくことを目標にしています。そのために、英語では、「聞く・話す・読む・書く」の4技能を重視し、英語をコミュニケーションの道具として活用できる力を育成しています。そして国内・海外での語学研修を6年間の間に取り入れています。また、国際人としては、国際社会を理解していることが必須です。言い換えると教養を高めていく必要があるのです。そうしたすべてが、小石川教養主義の理念のもとにあるのです。

【Q】週5日制ですが、土曜日はどのように使われているのでしょうか。

【栗原先生】 土曜日には「小石川セミナー」を開いています。小石川セミナーとは、現役の大学などの先生に最先端の学問のお話を聞く機会です。

本校の卒業生で、現役で大学の教鞭をとっておられるかたが約800名おり、そのかたがたに協力いただいております。

また、平日は7時限まで授業があり、どうしても放課後が短くなってしまうため、土曜日は集中して部活動をする日にもなっています。

そのほかには、先生がたが任意に講習を開いたりしています。自分で考えて判断する姿勢を生徒に求めていますので、強制で行うものではありません。

生徒が主人公になる小石川の行事週間

【Q】9月にある行事週間が有名ですが、詳しくご説明ください。

【栗原先生】 本校には、9月に行事週間という「芸能祭」・「体育祭」・「創作展」を1週間で3つ行う期間があります。まず、最初の土、

年間行事

おもな学校行事（予定）

4月	入学式　オリエンテーション
5月	ホームルーム合宿（1年） 遠足（2年）　自然体験（4年）
6月	教育実習生講話（4年）
7月	職場訪問（2年）
8月	海外語学研修（3年）
9月	行事週間
10月	
11月	国内語学研修（2年）　職場体験（3年）
12月	
1月	
2月	職場体験（2年）
3月	

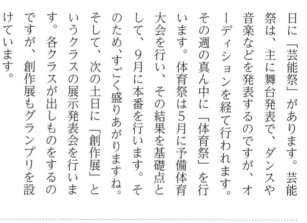

日に「芸能祭」があります。芸能祭は、主に舞台発表で、ダンスや音楽などを発表するのですが、オーディションを経て行われます。その週の真ん中に「体育祭」を行います。体育祭は5月に予備体育大会を行い、その結果を基礎点として、9月に本番を行います。そのため、すごく盛りあがりますね。そして、次の土日に「創作展」というクラスの展示発表会を行います。各クラスが出しものをするのですが、創作展もグランプリを設けています。

　ふつうなら体育祭を行うだけでものすごいエネルギーを使いますが、この大きな3つのイベントを1週間で行うのです。それらすべてのルールを生徒総会で決め、そのプログラムづくりや運営などを生徒たちが行います。

　学校行事をこうした生徒たちの意志で進めていくのが、府立五中からの伝統です。そうして、先輩から受け継ぎ、自ら志を立てて、創作して、新しい文化をつくりだすという流れができています。

　ですから行事のたびに「主人公は、あなたたち生徒です」と伝えています。

　また、この期間には約7000人もの人が来場され、この行事週間を見て、小石川が気に入ったというお子さんがとても多いです。

【Q】御校の適性検査で気をつけることはどのようなところでしょうか。

【栗原先生】しっかりと自分の意見を持って、問題文をきちんと把握するということに尽きると思います。過去問をよくご覧になると、問題のなかにメッセージがあります。

　たくさん本を読み、ただ受け身ではなくて、そこから自分の考えを持ち、それを書いて表現するということが必要です。

【Q】では、最後にどんな生徒さんに入学してほしいですか。

【栗原先生】ひと言でいえば、小石川教養主義に則った知的好奇心が高いお子さんに入ってきてほしいですね。「なぜだろう?」という疑問は多くの人が持ちますが、「本当かな?」という気持ちがすごく大切です。

　そして、それを確かめる力、すなわち課題解決への意欲のあるお子さまにぜひ入ってきてほしいと思います。

(2) 最初にある小石の数が６個の場合以外にも、先手の**ひろしくん**がどう取っても、後手の**お父さん**が必ず勝つことができる場合があります。それは、最初にある小石の数が何個の場合ですか。その例を１つ答えなさい。

ひろしくん：	皿を２枚にしてみたらどうなるかなあ。
お父さん：	このときは、１回に取れるのは１つの皿からだけにしないと２つの皿に分けた意味がないので、そういうルールにしないといけないね。

ゲームの進め方のルール（追加）
④ １回に取れるのは１枚の皿からだけとする。

［問題２］ １枚の皿に10個ずつ、２皿で合計20個の小石を置きます。この場合は、先手がどう取っても、後手がうまく取れば、後手が必ず勝つことができます。後手はどのような取り方をすれば必ず勝つことができるか、その方法を説明しなさい。

学校別適性検査分析

東京都立小石川中等教育学校

募集区分 特別枠・一般枠

入学者選抜方法 【特別枠】作文（45分）、面接（25分程度）、報告書
【一般枠】適性検査Ⅰ（45分）、適性検査Ⅱ（45分）、適性検査Ⅲ（45分）、報告書、志願理由書

身につけた知識で課題解決

問題文の意味をとらえ、これまで身につけてきた知識や経験をもとにして、課題を数理的に分析し解決する力をみます。

日常から数に興味があるか

実際の場面をイメージできているか、そこから導きだされる論理的な思考力が試されます。表現力もみます。

2011年度 東京都立小石川中等教育学校 適性検査問題Ⅲより

2 ひろしくんは、川原で拾った小石で**お父さん**とゲームをしています。それは、皿の上に置いた小石を２人で交互に取っていくゲームで、進め方のルールは次のとおりです。

ゲームの進め方のルール
① ひろしくんから先に小石を取り始める（ひろしくんが先手、お父さんが後手）。
② １回に取れる小石の数は５個までで、最低1個は必ず取る。
③ 最後に小石を取った方が勝ち。

お父さん　：皿が１枚で、最初にある小石の数が1個から５個までの場合、先手は全部取れば必ず勝てるね。

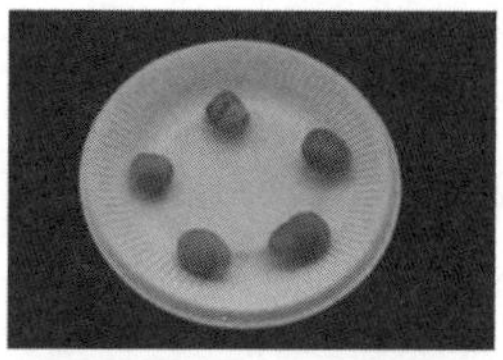

ひろしくん：最初にある小石の数が６個の場合は、先手は５個までしか取れないから、残りを後手が全部取ってしまえば、後手が必ず勝てるよ。

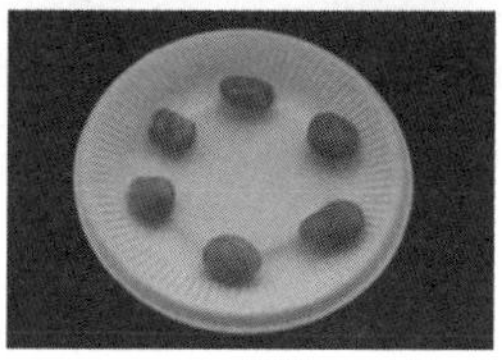

お父さん　：そうだね。最初にある小石の数によって、先手が勝てるか、後手が勝てるかが決まるようだね。

［問題１］(1)　最初にある小石の数が10個とします。このとき、先手の**ひろしくん**が最初に何個か取れば、後手の**お父さん**がどう取っても、先手の**ひろしくん**が勝つことができます。**ひろしくん**は最初に何個取ればよいですか。

解説

都立小石川中等教育学校の入学者選抜「一般枠」では、報告書と適性検査Ⅰ・Ⅱのほかに適性検査Ⅲが課されます。報告書（400点満点）は換算して200点満点に、適性検査Ⅰ、Ⅱ、Ⅲは、それぞれ100点満点を倍に換算して各200点満点、計600点満点とし、総合成績は800点満点で評価します。

適性検査Ⅰでは、文章を熟読し、それを自己の経験などに照らし合わせて、深く考え、文章に表現する力をみます。適性検査Ⅱでは、資料の分析を通じて、パイオニアをめざす意欲をみるとともに、日本や世界のことについて考察する力や、考えを表現する力をみます。適性検査Ⅲでは、身近な事象をつうじて、分析力や思考力、判断力などを生かして、課題を総合的に解決できる力をみます。適性検査Ⅲが試している力は、日常からいろいろな身近なできごとに科学的な興味を持つようにして養いましょう。

中等教育学校
2008年開校

東京都立

立川国際中等教育学校

（たちかわこくさい）

多彩な生徒が集う学び舎(や)で国際社会に通用する知識と教養を

都立の中高一貫校で唯一「国際」という名称を冠し、その名にふさわしい教育が展開されている立川国際中等教育学校。さまざまなバックグラウンドを持つ生徒が集い、英語だけでなく、日本の文化も学ぶことで国際社会に通用する知識と教養を身につけていきます。

都立中高一貫校唯一の「国際」中等教育学校

【Q】御校は東京都の公立中高一貫校のなかで唯一、「国際」という名称がついていますね。

【佐藤先生】本校の沿革として、まず、都立国際高校につづく第二国際高校を、多摩地区につくろうという構想がありました。さらに一方で、中等教育学校の構想もありました。そんななか、最終的にそのふたつが合わさり、国際中等教育学校を立川地区に設立しようというかたちでまとまりました。こういった経緯から、都立の中高一貫校のなかで唯一の国際中等教育学校となったわけです。そして、母体校として、都立北多摩高校（以下、北多摩高）が選ばれました。

【Q】御校の教育目標・理念についてお教えください。

【佐藤先生】本校は国際中等教育学校という特徴を持つ学校です。毎年30名の海外帰国・在京外国人生徒も受け入れています。といってもインターナショナルスクールというわけではなく、全日制普通科の学校ですので、授業は基本的に日本語で行います。しかし、そのなかで、やはり国際中等教育学校として、リーダーシップを発揮し、国際社会で活躍、貢献できる人材を育てることをが一番の目標となります。

そのための教育理念として、国際社会において自らの志を立てて未来を切り開く「立志の精神」、

佐藤(さとう)　弦志(げんし) 校長先生

学校プロフィール

開　校
2008年4月

所 在 地
東京都立川市曙町3-29-37

T E L
042-524-3903

U R L
http://www.tachikawachuto-e.metro.tokyo.jp/

アクセス
JR中央線「立川」・多摩都市モノレール線「立川北」バス、JR中央線「立川」徒歩18分

生 徒 数
男子302名、女子322名

1 期 生
4年生（高校1年生）

高校募集
なし

3学期制

週5日制

50分授業

入学情報
・募集人員
（一般枠）男子65名、女子65名　計130名
（海外帰国・在京外国人生徒枠）　男女合計30名
・選抜方法
（一般枠）報告書、適性検査（Ⅰ・Ⅱ）
（海外帰国・在京外国人生徒枠）成績証明書等、面接、作文〈※面接、作文は日本語または英語による〉

自己の考えを持ち、それを表現できる力を養い、異なる文化を理解、尊重する教育を展開する「共生への行動」、学校教育のあらゆる場で、生徒の主体性を重んじ、達成感、連帯感を育てる「感動の共有」の3つを掲げています。

進路を見据えた教育課程 6年を3ステージに

【Q】御校のカリキュラムについてお話しください。

【佐藤先生】3学期制をとっていて、これは母体校である北多摩高と同じシステムです。50分授業で週5日制、ただし、前期課程は月1回程度、後期課程は月2回程度土曜授業を行っています。

教育課程としては、6年間を3ステージに分け、1・2年を「BUILD」、3・4年を「CHALLENGE」、5・6年を「CREATE」と名付けています。

「BUILD」の2年間は、まずしっかりと基礎学力を身につけよう、そのために、自律した生活習慣をつけよう、というところがメインになります。本校は、6年一貫教育ですから、高校受験や、高校に入ってはじめに中学校の復習をするような時期が必要ないので、1・2年で基礎学力と生活習慣をしっかりつけておけば、つぎの「CHALLENGE」の2年間で学習のスピードが飛躍的にあがっていくからです。同時に高度化していく学習内容にも挑戦していく時期になります。

そして最後の「CREATE」では、4年間で得たものを持って、自分の進路はもちろん、社会にでてからの自分を創造していくという考えです。この「CREATE」の前半にあたる5年生まではみっちりと全教科の勉強をします。基礎学力・教養は5年次までにしっかり

特色ある カリキュラム紹介

1 さまざまな機会に行われる 英語教育・国際理解教育

ネイティブスピーカーによる英語の授業や、本文でも紹介した英語合宿、イングリッシュサマーセミナー以外にも、実技教科の一部で説明や指示を英語で行う授業を実施しています。体育の授業がそれで、アシスタントにネイティブスピーカーの先生をつけ、積極的に生徒とかかわることで、学問としての英語ではなく、生活としての英語を学ぶ機会をつくります。

また、現在日本の大学で学んでいる海外からの留学生や、青年海外協力隊として海外で暮らしていた経験を持ったかたなどを招き、講演してもらうことで、国際理解を深めるプログラムも行われています。４年次には、この発展形として、仕事で日本に赴任してきている外国人にさまざまな講義をしてもらい、それについて英語で生徒とディスカッションをするプログラムを行います。

2 日本文化を知り、理解する 農村体験プログラム・研修旅行

自国の文化を知らなければ、海外の文化を理解したり、比較したりすることはできない。だから、世界を知るためには、日本文化をまず知らなければならない、そうした考えを実践するプログラムのひとつとして農村体験があり、2年次に2泊3日で行われます。ただ田植えをするだけではなく、その場所で生活しているかたがたと数日いっしょに暮らすことで、彼らがどういった生活をしているのか、この村落がどういった経緯でできたのか、どんな文化があるのかなど、地域全体の成り立ちを知り、日本人がどのように農耕文化を育んできたかを体験します。

また、3年次には奈良・京都に行く国内研修旅行があります。ここでもテーマは同じで、歴史や文化が根づく場所で日本文化への理解を深めます。この研修旅行での体験をもとに、5年次の海外研修旅行では、現地で生徒たちにプレゼンテーションを行わせる予定です。

備えてもらいます。それまでに自分の方向性を定めている生徒もいるかもしれませんが、5年次まではやってもらいます。

実際のところ、いまの社会では文系・理系ときっちり分けるというのはなくなってきていると思います。たとえば、私立大だと、経済学部を受けるときに試験科目に数学がないというのは、いくらでもありますよね。でも、入ったあと、数学をまったく使わない経済学なんてほとんどないわけです。ですので、実際の大学受験に際しての試験科目の問題はありますが、私立文系や、国立理系といったコース分けはしません。これが必要だ、これを学びたい、というものを選択科目として選んでいけるシステムにしたいと考えています。

また、英語に関しては、ＡＬＴ（外国人英語等教育補助員）の割り当てが都立学校で一番多いので、それをいかしながら、少人数制できめ細かく対応しています。数学もふたりの教師がひとつの教室で教えるティームティーチングを採用し、こちらも生徒に合わせた教え方ができるようにしています。

【Q】海外帰国・在京外国人生徒枠が用意されていますが、どのようなクラス分けになっていますか。また、帰国生のための補習システムなどはありますか。

【佐藤先生】 一般枠が１３０人、帰国生・在京外国人生枠が30人の計１６０人が1学年の人数です。男女比はだいたい半分ずつになっています。

そして、外国人であろうと、帰国生であろうと区別せず、混成クラスにしています。彼らにとっても、日本の小学校をでた一般枠の生徒にとっても、同じ学び舎で机を並べて学んでいくことで居場所ができ、さらに異文化理解につながっていけばいいですから。ことさらに特別クラスをつくることはしません。

帰国生については、たとえば日本の歴史など、日本のプログラムで学んできていませんから、ついてこられない科目があります。ですので、毎週火曜日、いつでも先生に相談できる場を用意しています。これから、さらにそういった制度を充実させていこうと考えています。

年間行事

おもな学校行事

4月	入学式　対面式 校外学習
5月	土曜講座（国際理解） キャリア教育（1・2年）
6月	合唱祭　農村体験（2年） 英語検定
7月	英語合宿(1年)　職場体験 イングリッシュサマーセミナー（2・3年）
8月	漢字検定
9月	文化祭 体育祭（4年）
10月	体育祭（1～3年） 英語検定　生徒総会
11月	土曜講座(キャリア教育) 国際理解(1・2年)　芸術鑑賞教室
12月	職場体験（2年）
1月	百人一首かるた大会
2月	健歩会　英語発表会
3月	クラスマッチ(1・2年) 国内研修旅行(3年)　修了式

国際社会で活躍できる知識・教養を身につける

【Q】特徴のある学校行事はありますか。

【佐藤先生】 1年次の7月に全員参加の英語合宿を実施しています。これは2泊3日で、基本的に教員もすべて英語を使い、日本語で呼ばれても反応しません。とにかく朝から晩まで英語漬けです。

2・3年次は希望制で夏休みに「イングリッシュサマーセミナー」があります。これは泊まりではなく、学校に4日間通い、その間はすべて英語で過ごすというものです。ここでは、思ったことを英語で的確に伝えたり相手の言い分を理解することを目的にプレゼンテーションやディベートを行っています。

「伝統文化教室」「芸術鑑賞教室」も行っています。英語を身につけるのと同時に、外国人と話すときには、自分の国の文化や歴史を教養として身につけていることが大事です。日本の文化を理解することから国際社会へ、という流れですね。

【Q】学校の施設は独自のものでしょうか。

【佐藤先生】 北多摩高の施設・設備を使っています。公立中学校とちがう部分としては、顕微鏡がひとりに1台ある、昼食は食堂でランチボックスを食べることができる、運動施設に曙グラウンドを使っているといったところです。

【Q】最後に、小学生のうちから学んでおいてほしいことはありますか。また、どんな生徒さんに来てほしいですか。

【佐藤先生】 適性検査では、論理的にものごとを考えられるか、わからないことでもすぐに投げださずに、あきらめずやり遂げられる力があるのか、といったところを見ていますので、ふだんから幅広いことに興味を持ち、ものごとを自分の発想で考えられ、それをコピーアンドペーストではなく、自分の言葉で語れるようにしてもらいたいと思います。

私たちはいつも、生徒の笑顔とあいさつに勇気づけられています。あいさつは人を受け入れられないとできません。すなわち心の広さの表れです。ものごとに対して先入観を持たず、真摯（しんし）に受け止める広い心を持ったお子さんに来ていただきたいですね。

うこ：わたしは、大好きなハムとベーコンについて、おもしろい資料を見つけました。**資料2**は、日本の一つの家庭でハムとベーコンを買うのに使った金額の移り変わりをグラフにしたものです。

イセル：ハムを買うのに使った金額は左の目もりに、ベーコンを買うのに使った金額は右の目もりに示されていますね。

[資料2]　一つの家庭（2人以上）でハムとベーコンを買うのに使った金額の移り変わり（月ごとの変化）

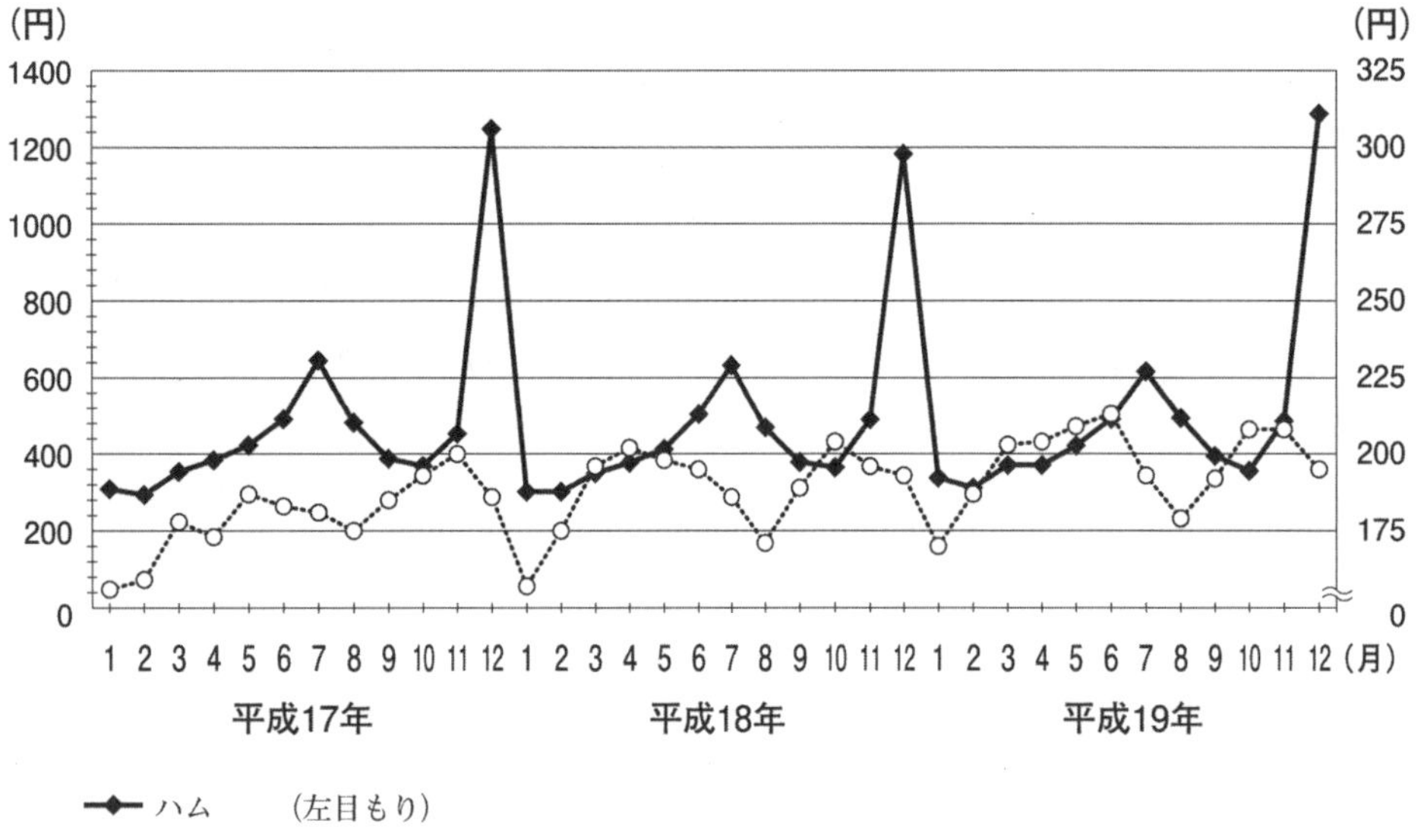

（総務省の資料より作成）

ずお：<u>①**ハムとベーコンを買うのに使った金額の移り変わりには、毎年決まった特ちょうがあるようです**</u>。

問題2】 かずおさんは、**下線部①**のように言っています。ハムとベーコンの２つのグラフの移り変わりを見て、その関係について気づいたことを書きなさい。

学校別適性検査分析
東京都立立川国際中等教育学校

募集区分　海外帰国・在京外国人生徒枠／一般枠

入学者選抜方法　【海外帰国・在京外国人生徒枠】面接（20分程度）、作文（45分、日本語または英語による）、成績証明書等　【一般枠】適性検査Ⅰ（45分）、適性検査Ⅱ（45分）、

資料を読み取り分析する

「食料÷使った金額」でエンゲル係数ははかれるが、その数字から４年ごとのちがいがあるかないかを考えられるか。

得た情報からなにを読み取るか

それぞれの規則的な変化に気がついたうえで、ふたつのグラフの関連性にまで考えを進められるかどうかがポイント。

2011年度 東京都立立川国際中等教育学校 適性検査問題Ⅰより

2 かずおさん、ようこさん、ケイセルさんは、社会の時間に、日本と世界の国々について調べることになりました。家庭でのお金の使い方について興味をもった３人は、それぞれが、図書館で調べた興味のある資料を持ち寄り、話し合うことにしました。

かずお：資料１は、日本の一つの家庭で１か月間に使った金額の平均を表したものです。

［資料１］ 一つの家庭（２人以上）で１か月間に使った金額の平均

こう目／年次	食料	住居	光熱・水道	家具・家事用品	ひ服・はき物	保健・医りょう	交通・通信	教育	教養ご楽	その他	使った金額
2000	74	21	22	11	16	11	36	14	32	80	317
2004	70	19	21	10	13	12	39	13	31	74	303
2008	69	17	23	10	13	13	39	13	31	70	297

（単位金額：千円）

※ 表の数は小数点以下を四捨五入（ししゃごにゅう）してあるため、「使った金額」はすべてのこう目の合計になっていません。

（注）教養ご楽 … 教養ご楽費のこと。学問、芸術や楽しみに使った金額。
　　光熱 … 光熱費のこと。電気、ガス、灯油などに使った金額。
　　ひ服 … ひ服費のこと。着るものに使った金額。

（総務省の資料より作成）

ようこ：やはり食料にお金がかかるのですね。

かずお：そうですね。使った金額のうち、食料を買うのに使った金額の割合（わりあい）をエンゲル係数といいます。ドイツの経済（けいざい）学者のエンゲルが考えました。

【問題１】 2000年、2004年、2008年のエンゲル係数をそれぞれ求め、求めた数を使って分かることを書きなさい。（エンゲル係数は小数第２位を四捨五入（ししゃごにゅう）した百分率で表すこと。）

解説

都立立川国際中等教育学校・一般枠では、報告書320点を300点に換算、適性検査Ⅰを400点に換算、適性検査Ⅱを400点に換算して、総合得点1100点で判定します。

適性検査では他の都立中高一貫校と比較してより読解力を重視しているようにみえます。適性検査Ⅰは国・算・社・理の要素を含む融合問題で、資料の内容を読み取り、そのなかから必要な情報を集積、分析する力をみます。また、課題を的確に理解し、論理的に考察・処理する力をみます。適性検査Ⅱは長文読解で、その長文の主張を読み取る力と、そこから生まれる自分の考えを、作文として他者に伝える表現力をみます。

適性検査Ⅰでは問題文に外国人が登場することがほとんどで、日本人とのコミュニケーションを題材にしながらの出題、適性検査Ⅱでも日本と外国の考え方のちがいなどをテーマにした課題文となります。

併設型
2005年開校

東京都立

白鷗高等学校附属中学校

（はくおうこうとうがっこうふぞく）

日本の伝統文化を理解する国際社会で活躍できるリーダーを育成

「辞書は友達、予習は命」を合い言葉に毎日の授業に真剣に取り組む白鷗高等学校附属中学校。その「開拓精神」のもと、きめ細やかな指導をモットーに優秀な人材を輩出し、地域の信頼に応えています。

きめ細やかな指導と進取の気概を持った教育

【Q】これまでの経緯と沿革についてお聞かせください。

【星野先生】東京都立白鷗高等学校の創立は1888年（明治21年）に、小学校の教員への道を女子にも開くこと、女子一般の教育を改良・向上することを目的として東京初の府立高等女学校として開校したのが始まりです。それから学生改革に伴い、白鷗高等学校と改称し、男女共学になり、2005年（平成17年）に都立で初となる中高教育一貫校として附属中学校が開校しました。すでに120年を超える長い伝統を誇る学校です。

創立以来、教育理念として「開拓精神」を掲げています。きめ細やかな指導と進取の気概を持った教育を実践し、幾多の優秀な人材を輩出し続けてきました。

そして7年前に附属中学校に入学した生徒が、今年初めて卒業しました。13歳から18歳までの多感な時期をこの「白鷗」で学ぶことで、一人ひとりの生徒が無限の可能性にチャレンジしています。

【Q】学習指導についてお聞かせください。

【星野先生】都立白鷗高等学校附属中学校（以下、白鷗）は「辞書は友達、予習は命」を合い言葉に、日々、学習に励んでいます。この合い言葉は1時間ごとの授業を大切に毎日を過ごすということで

星野 喜代美（ほしの きよみ） 校長先生

学校プロフィール

開　校
2005年4年

所在地
東京都台東区元浅草3-12-12

T E L
03-5830-1731

U R L
http://www.hakuo-fuzoku-c.metro.tokyo.jp/

アクセス
都営大江戸線・つくばエクスプレス「新御徒町」徒歩7分、都営大江戸線「蔵前」徒歩8分、地下鉄銀座線「田原町」徒歩8分、都営浅草線「蔵前」徒歩12分

生徒数
男子229名、女子250名

1期生
大学1年生

高校募集
あり

3学期制

週6日制

50分授業

入学情報
・募集人員
男子80名、女子80名　計160名
・選抜方法
（特別枠）報告書、面接、実技検査〈区分B　囲碁・将棋等〉
（一般枠）報告書、適性検査（Ⅰ・Ⅱ）

す。授業を担当する先生も、また授業に参加する生徒も1時間ごとの授業を大切にし、真剣に取り組んでいます。

辞書を活用することは能動的に学ぶ姿勢の表われであり、かならず予習をして授業にのぞむことは、主体的に授業に参加していくことへとつながります。

「白鷗の授業は高密度である」という評価も、こうした日々の努力に支えられているからでしょう。地道に日々努力することの大切さを理解し、着実な学力伸長を成し遂げています。

さらに、各自の到達度に応じて、必要がある場合には放課後などを活用した補習も実施し、一人ひとりが、学習内容をしっかりと理解できるまで、教員は教えることをつねに心がけています。

国際理解教育で世界のリーダーを育成

【Q】御校の特徴をお教えください。

【星野先生】本校は、古きよき時代の江戸情緒を色濃く残している『上野・浅草地区』にキャンパスをおいています。日本の文化を理解し、世界のなかでの日本人としてのアイデンティティを育み、将来は国際社会で活躍できる生徒を育てる国際理解教育に力を入れています。

その一例をあげると、音楽室にはひとり1丁の三味線が用意されています。卒業までの6年間で、生徒全員が三味線を弾けるようになります。また、畳をしきつめた和室も完備されて、作法や茶道などに日々活用されています。

日本文化を深く理解し、日常体験として身につけたうえで、広く国際的な視野を広げるため、海外短期留学、海外修学旅行なども企

特色あるカリキュラム紹介

1 国公立大学受験に対応できるカリキュラムを提供

白鷗のカリキュラムは、基本的には5教科7科目の国公立大学受験に対応できる内容となっています。土曜日も4時間授業を実施しています。

また、週2回の「白鷗タイム」があります。これは火曜日と金曜日の6時間目のあとに組みこまれており、読書指導や学習の補充にあてられています。15時15～40分の25分間ですが、これがあることで、その日の復習ができます。

発展的な内容を多く含む学習内容を授業では取り入れています。英語と数学では習熟度別授業を実施し、きめ細かい指導を行います。指名数学補習や指名英語補習もあります。

こうした成果が中高教育一貫校一期生の高い国公立大学合格率に表れています。

2 特色ある選択教科と学校設定教科、各教科の細かい学習目標

特色のある選択教科は、社会と自分のかかわりについて、新しい視点から学ぶ「社会と私」や、さまざまな場面の表現能力を高める「プレゼンテーション」などがあります。さらには、日本伝統文化を広い視野から学ぶ「日本文化概論」などの学校設定教科・科目を学ぶことができます。

このほか、国語は百人一首の暗唱に力を入れています。また、漢字検定を受検し、語彙の習得に力を入れています。

数学も、数検への挑戦を積極的に行い、そのための補習も実施しています。

英語は話す・書く・聞く・読むの4技能すべての能力向上をはかります。そのため、英語スピーチや英語プレゼンテーションも取り入れています。

そして、3年生までに英検準2級全員の資格取得をめざしています。

このように各教科ごとに細かく目標をたて、それに向けて毎日の授業を大切にしています。

画されています。こうして日本文化を理解した国際人として豊かな人間性を育み、世界に羽ばたくリーダーを中高6年間で育んでいます。

【Q】都立で初となる中高教育一貫校での苦労などはありましたか。

【星野先生】 ２０１０年で計10校となった都立中高一貫教育校のなかで、白鷗はいち早くスタートしました。開校当初は、6年間を見据えた公立中高教育という視点の実践は、かならずしも平坦なものではなく、試行錯誤の連続でした。

しかしながら、「開拓精神」を校是として掲げる白鷗は、6年間をトータルで考え、生徒の基礎学力を伸ばしつつ、国際社会で活躍できるリーダーの資質としてなにが必要か、そして、そのための人間的な力量を身につけさせていく教育を模索しつづけました。こうした試行錯誤のなか教育活動を展開してまいり、この7年間を振り返ってみますと、確実に生徒は育っているという自信はあります。

【Q】校舎がふたつありますが、これについてお聞かせください。

【星野先生】 校舎が離れているデメリットは、両校舎間を移動しなければならない教員が大変だということですが、そのために自転車を用意しています。

逆にメリットは、1年生と2年生は東校舎で学び、3～6年生（中3～高3）は西校舎で学んでいます。この東校舎の存在は本校を支える重要な要素となっています。なぜなら、小学校を卒業したばかりの新入生に2年間、自由に伸びのびとした環境を用意できるからです。校庭、図書館、実験室などの施設も揃っており、それらを活用して、生活習慣の体得、あるべき学習姿勢の涵養がなされています。この2年間で『学びの基礎』をじっくり身につけることができます。その結果、中1・中2でも「平日の自宅での学習時間は平均2時間」の確保が行われています。

中高一貫教育校ですが、このようなふたつの離れた校舎があり、それぞれの成長に応じた教育活動が展開され、それが有効に機能しているのは、どこにも負けない特色だと誇りに思っています。

義務づけている英語検定と漢字検定

【Q】授業についてお聞かせくだ

年間行事

おもな学校行事（予定）

4月	入学式
5月	体育祭
6月	
7月	スポーツ大会　宿泊学習
8月	海外短期留学
9月	白鷗祭
10月	
11月	生徒会選挙　修学旅行
12月	講演会
1月	百人一首大会
2月	合唱コンクール
3月	卒業式

さい。

【星野先生】本校の教育課程は英語・数学・国語などに比重をおいたものになっています。英語や数学においてはひとクラス2展開、すなわち通常クラスを2分割して、10～20名弱の少人数クラスで授業を展開しています。

また、入学時点において、一般枠だけではなく特別枠での入学生がいることも白鷗の特徴です。

たとえば、中学入学時点ですでに英語検定2級（高校3年修了程度）を取得しているような生徒に対しては、一般の生徒とは別に別枠での授業を実施することもあります。さらに、中学生は授業外においても英語検定と漢字検定の受検を義務づけています。

【Q】学校行事はどのようなものがありますか。

【星野先生】1年生は学校周辺をボランティアの人に案内してもらう校外学習や、2泊3日の宿泊学習でプレゼンテーションをしたり、仕事をする意義や社会の一員としての役割や責任を学ぶ職場公演があります。2年生は農村生活体験、学校近隣の事業所に行き、職場を実体験する職場体験があります。3年生では修学旅行で京都・奈良を訪れ、比叡山に登ります。3・4年生では希望者がオーストラリアに2週間の語学短期留学でホームステイを行い、それをうけ、5年生では海外修学旅行が実施されます。これは異文化交流だけではなく、キャリア教育としての視点から行っています。

本来、学校の姿とは勉強をするところです。学習を柱として、学校行事も部活動も、学びの一貫としてとらえるべきです。しっかりと勉強することを前提とした学校生活を送ってほしいと願っています。

【Q】最後にメッセージをお願いします。

【星野先生】本校は地域との共存ができている学校です。日本を知らずして、世界のリーダーにはなりえません。それは生徒たちにも理解してほしいと思います。

学校の基礎基本は勉強です。白鷗はその勉強を6年間着実に積み重ねています。その成果は第一期生の進学実績にも表れています。

白鷗で自分の力を伸ばす6年間を送ってみませんか。白鷗はあなたを待っています。

［問題１］ 健太君の班がお花畑を散策後、「お花畑」バス停から集合場所の「遊覧船乗り場」へ行く方法はいくつかありますが、そのうちのどれかの方法で集合場所に向かうものとします。このときあなたが考えた方法で行った場合の健太君の班と花子さんの班が出会う時刻を求めなさい。ただし、次の①～③をふまえて答えること。

① 健太君の班と花子さんの班は「遊覧船乗り場」まで行く道の途中で出会うか、「遊覧船乗り場」で出会うかのどちらかになります。

② 健太君の班は散策後、「お花畑」バス停までもどり、「遊覧船乗り場」を目指すものとし、自転車乗り場に行く以外は途中で引き返さないものとします。

③ 自転車を借りる時間、バスの乗り降りの時間は考えないものとします。

なお、解答らんには、答えだけでなく、考え方も説明しなさい。

遠足から帰った後の授業で、自然公園で観察したものをもとに「秋」を表現することになりました。次の会話文を読んで、あとの問題に答えなさい。

花子：私たちの班が見つけたものは、赤トンボ、キリギリス、コオロギだわ。秋の虫ってまだまだたくさんいるよね。そうそう、ススキがほを出していたわ。

健太：お花畑でも赤トンボが飛んでいたよ。もみじも色づいていたし、リンドウの花やコスモスの花も咲いていたな。クリやドングリも拾えたよ。

花子：与謝野晶子の短歌で、

こすもすよ　強く立てよと　云ひに行く　女の子かな　秋雨の中

というのを読んだことがあるわ。秋の長雨の中で咲くコスモスに、雨に負けないように強く立っていてねと女の子がはげましている様子をよんでるんですって。

健太：コスモスってくきが細いからね。与謝野晶子って有名な歌人だよね。この人の歌には、ほかにもこんな秋の短歌があったよ。「あきつ」っていうのは、トンボの古い呼び名なんだって。

赤蜻蛉　風に吹かれて　十あまり　まがきのうちに　渦巻を描く

花子：「まがき」って家の周りの囲いのことだわ。強い風をさけて赤トンボが囲いの内側でぐるぐる飛んでるっていう様子をよんだのね。ちょうど台風でも来ていたのかしら。さあ、わたしたちも「秋」を表現してみましょうよ。

［問題２］ 下線部＿＿＿の中から一つ題材として取り上げて、短歌のように五・七・五・七・七の三十一音であなたが考える「秋」を表現しなさい。答えを書くときは、今の言葉づかいでかまいません。

学校別適性検査分析
東京都立白鷗高等学校附属中学校

募集区分 特別枠・一般枠

入学者選抜方法 【特別枠】〈区分A〉面接(15分程度)、報告書　〈区分B〉実技検査(45分)、面接(15分程度)、報告書
【一般枠】適性検査Ⅰ(45分)、適性検査Ⅱ(45分)、報告書、志願理由書

条件を理解し分析する力をみる

しめされた条件をふまえて実際の場面をイメージできるかどうかが問われます。そのうえで算数の力も必要になります。

問題を解決する力をみる

問題への読解力がないと、条件を満たさない答えになります。それでいて、子どもらしい感性を生かしてほしい出題です。

2011年度 東京都立白鷗高等学校附属中学校 適性検査問題Ⅰより

2

健太君の学年では秋の遠足で、かもめ湖自然公園に行くことになりました。**【資料6】**はかもめ湖自然公園の案内図です。**【資料6】**を見て、次の文章を読み、あとの問題に答えなさい。

【資料6】かもめ湖自然公園案内図

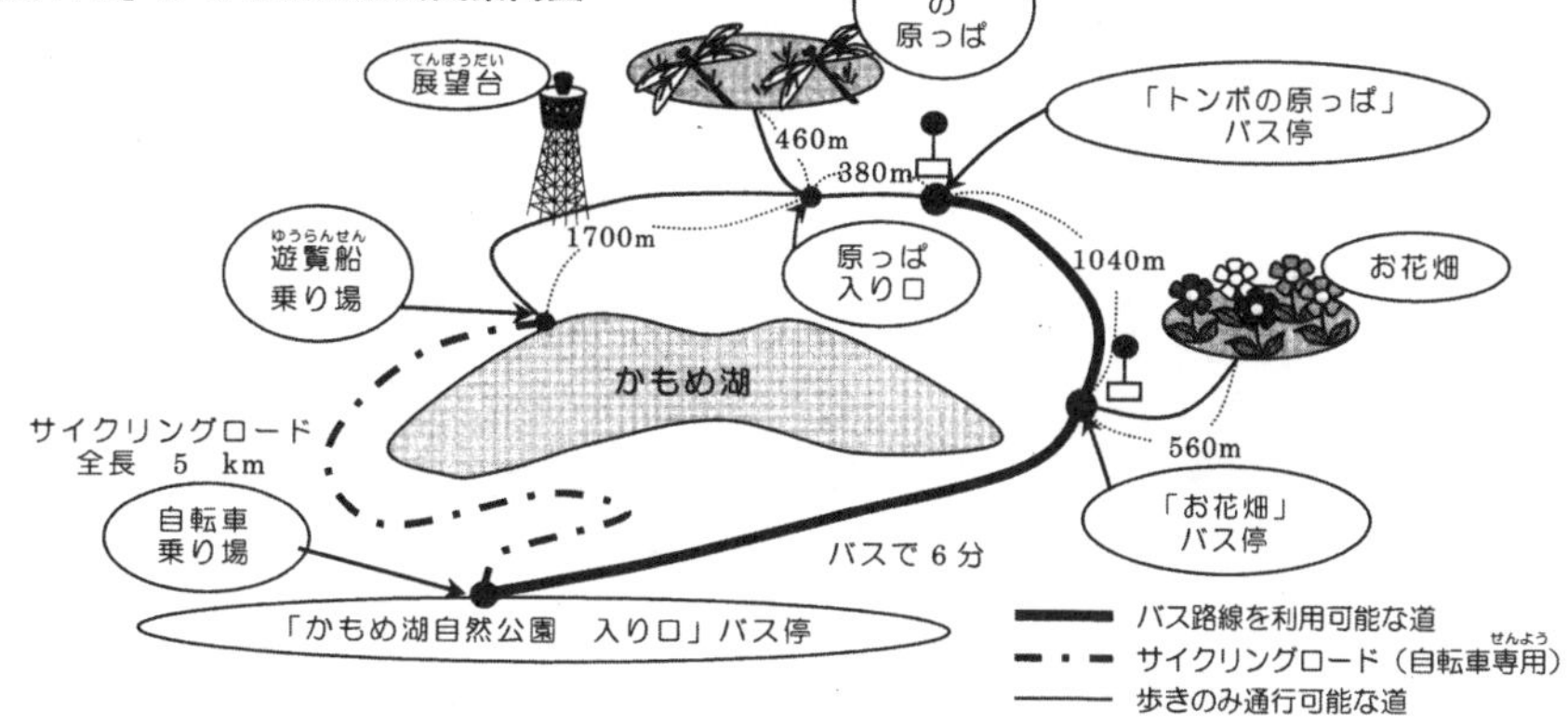

遠足では班（はん）ごとに分かれてお花畑かトンボの原っぱを散策（さんさく）します。健太君と、友人の花子さんはそれぞれ別の班の班長です。それぞれの班は午前9時ちょうどに「かもめ湖自然公園入り口」バス停から、「トンボの原っぱ」バス停行きの無料園内バスに乗りました。健太君の班はお花畑を散策するので「お花畑」バス停で、花子さんの班はトンボの原っぱを散策するので「トンボの原っぱ」バス停で降（お）りることになっています。2つの班はそれぞれの場所に着いた後、その場所での散策を1時間行い、その後、遊覧船乗り場に集合する予定です。

健太君の班が、散策後、遊覧船乗り場まで行くには、いくつかの方法があり、どれを選んでもよいことになっています。バスに乗る場合はどちらか行きたい方面に行くバスを選び、バス停に最初に来るバスに乗るものとします。バスは午前9時00分、9時20分、9時40分のように、20分おきに「かもめ湖自然公園　入り口」バス停を出発し、「トンボの原っぱ」バス停とを往復します。「かもめ湖自然公園　入り口」バス停と「お花畑」バス停の間は、6分かかります。

無料貸し出し自転車を使う場合は、「自転車乗り場」から「遊覧船乗り場」に向かって、自転車専用のサイクリングロードだけを走ることができます。

花子さんの班はトンボの原っぱ散策後は、「原っぱ入り口」にもどり、展望台の前を通って歩いて遊覧船乗り場まで行くものとします。

健太君の班が歩く速さは分速80m、花子さんの班が歩く速さは分速60m、バスの速さは時速31.2km、自転車の速さは時速15kmとします。なお、どちらの班も「遊覧船乗り場」にいったんとう着したあとは、その場で待つものとします。

解説

都立白鷗高等学校附属中学校の入学者選抜では、適性検査Ⅰは100点を換算して400点満点に、適性検査Ⅱは100点満点を換算して300点満点とします。報告書は320点満点を点数化後、300点満点に換算、合わせて1000点満点の総合得点で合否を判断します。

一般枠の適性検査Ⅰでは、思考力、判断力、表現力を生かして、問題を解決する総合的な力をみます。適性検査Ⅱでは、課題を発見し、それを解決する方法について自分の考えや意見を正しく表現し、的確に文章にまとめる力をみます。これまでの出題では、適性検査Ⅰは国・算・社・理、４教科の融合問題で、考える姿勢を持たない受験生にはつらい出題です。、適性検査Ⅱは文章を読んで、国語の読解力を試されることに加えて、自分の経験をまじえて他者にわかるように文章を組み立てる表現力が問われます。

併設型
2010年開校

東京都立

富士高等学校附属中学校

(ふじこうとうがっこうふぞく)

国際競争力の高いトップリーダーの育成

90年の伝統と歴史ある富士高等学校の「文武両道」「自主・自律」の精神を継承し、新しい教育プログラムを先進的に取り入れた学校としてスタートしました。英語力と探究力の育成を大きな柱として、基礎基本の定着に向けた初期指導と学習習慣の定着を大切にし、新しい時代を創造できる能力を育てます。

久永(ひさなが)　哲雄(てつお)　校長先生

礼儀作法を重んじた子女教育から始まる

【Q】御校の沿革についてお話しください。

【久永先生】2010年（平成22年）に東京都立富士高等学校の併設型の中高一貫教育校として開校しました。

高校は、1919年（大正8年）に府立の第五高等女学校として、現在の新宿歌舞伎町の旧コマ劇場跡にありました。そこから移転をしまして、こちらの場所に来ました。

日本女性の理想の教育を、自由闊達(かったつ)にやってほしい、子女教育については礼儀、作法などを重んじた教育をということで始まりました。

それが男女共学になり、地域では西・富士と並べて称され、毎年東大に30～40名輩出していた都立の名門校として、いまも地域に愛されています。現在、都立の中高一貫教育校として、リニューアルした新しい学校です。

【Q】教育目標をお教えください。

【久永先生】「文武両道」「自主・自律」を校訓として、「知性と教養を深める」「品性と感性を磨く」「リーダーシップを高める」の3つの「Fuji Pride」として教育目標を掲げています。

知性教養が高く、品性感性を兼ね備えた国際社会のリーダーになり得る人材の育成をめざしています。めざす学校像は以下のとおり

学校プロフィール

開　校
2010年4月

所在地
東京都中野区弥生町5-21-1

TEL
03-3382-0601

URL
http://www.fuji-fuzoku-c.metro.tokyo.jp/

アクセス
地下鉄丸ノ内線「中野富士見町」徒歩3分

生徒数
男子101名、女子129名

1期生
中学2年生

高校募集
あり

2学期制

週5日制
年間18回土曜授業

50分授業

入学情報
・募集人員
男子60名、女子60名　計120名
・選抜方法
報告書、適性検査（Ⅰ・Ⅱ）

です。

①国際化に対応する教育を重視する学校。②体験・情報・科学学習で探究力を育てる学校。③学力・体力向上と進路実現を図る学校。④創造的な活動で自主自律を育てる学校。

【Q】ふだん、校長先生から生徒たちに伝えていることはありますか。

【久永先生】本校の創立の理念どおり、礼儀作法については厳しく育てています。礼儀とは人権教育の基本です。3秒をかけてしっかりとした礼をするという礼法については私から指導を行っています。

本校の礼法は、「三心礼法」と呼んでおり、「尊重する心」「感謝する心」「協力する心」の3つの心を、きちっと心のなかで唱えて3秒間かけてしっかり礼をする。礼をしたあとにあいさつをする。授業の前に礼をしてから「お願いします」。終わりましたら、「ありがとうございました」。そういうあいさつをかならずするように指導を行っております。

そのほか、現在の子どもたちに不足している読書やコミュニケーション能力、プレゼンテーション能力をしっかり高める指導をしていくということを進めています。

【Q】入学したばかりの生徒さんが学校になじめるように、なにか工夫をされていますか。

【久永先生】中学の学習に慣れることが、一番重要な課題だと思っています。授業の取り組み方、ノートの取り方、予習・復習や定期考査の学習の仕方などきめ細かい指導プログラムを準備しています。

早く友だちに慣れるという意味では、夏休みの2泊3日の八ヶ岳自然体験教室はとてもいい行事だ

特色ある カリキュラム紹介

1 リーダーシップが取れる人間を育成 そのためには文系・理系ともに学ぶこと

世の中のリーダーシップをとるという観点から、文系や理系だけの勉強をしていたのではいけません。そのため、国公立大進学に向けたカリキュラムになっており、偏りのない勉強ができるように組まれています。英語力に特化しており、中2で英検3級、中3で英検準2級、中学段階からTOEIC・Bridgeに挑戦させ、高3でTOEIC700点を目標にしています。夏季休業中には1日3時間、3日間の少人数（20人）による英語の講座があります。教員と外国人講師で既習事項の定着をはかることはもちろんのこと、外国人講師との会話をとおしてコミュニケーション能力の育成に力を入れています。その際、学校の教材とは別に、専用のテキストを用意しています。中3では2泊3日で語学研修を行います。ふだん行うことのできないプログラムをとおして、ネイティブによる学習の環境をつくっています。さらに、中学校段階で高校での短期留学に向け、海外留学生との交流も行います。

2 3つのFuji Pride 富士の伝統を受け継ぐ心と挑戦する姿勢

知性と教養を深めるために、基礎基本の定着はもちろんのこと、大学との連携を通して探究心を高めます。

中1で「環境」をテーマに横浜国立大の教授を招いて、講座を開講したり、中2で東大と連携し「社会貢献」のための電気・電子の活用について研究所訪問や体験をとおして学んでいきます。このように、大学との連携による最先端の科学学習は、生徒の興味・関心をよりいっそう引き出し、探究心を高めることにつながります。生徒は興味関心を持ったことからテーマを設定し、その課題を追求解決する課題探究学習を行います。中3、高2で発表し、大学の先生などの講師による指導助言などをとおして論文を作成します。生徒の課題探究学習は社会貢献ひいては未来を創造する学習（未来学）であり、さらに、この未来学は将来の社会を創造できる人材育成の学習であることを生徒に意識させています。

と思います。富士山麓の清掃活動や清里での自然体験、国立天文台野辺山での宇宙観測など、数多くの体験をし、集団生活をすることで、仲間づくりや団結力も生まれてきます。

【Q】中入生と高入生のクラス編成についてお聞かせください。

【久永先生】 現在は、高校1年生のときから同じクラスでと考えています。その方がとても刺激になって、お互いに高めあい競いあうのではないでしょうか。

本校は英語と国語については、教育課程の先取りを行っています。語学については、どんどん育成していこうということで進めています。また、高校2年より特進クラスをつくるか検討中です。

多読やプレゼンなどで英語力を強化

【Q】どういうかたちで英語教育を行っていますか。

【久永先生】 英語の特徴は、土曜日に多読の授業に取り組んでいます。赤ちゃんが自然に言葉を覚えていく過程と同じように無理なく、映像と言葉とがいっしょになって記憶できるシステムです。ですから、多読の教材は絵本から始まり簡単な単語や会話から覚えていく授業となっています。中学1年次で5万語を目標にして英語の多読をさせており、中学段階で15万語の多読を達成させたいと考えております。1年で9万語を読破した生徒もおり、保護者にも体験してもらい大変好評でした。また、英語は3年間20名での習熟度別授業や、夏季休業中のネイティブ講師との集中英語講座、中3では、語学研修旅行があります。

最終的には英語でプレゼンテーションを、高校ではディベートの授業やTOEIC700点以上の力をと考え、さまざまなかたちで基礎固めを行っています。また、高校での短期語学海外研修も目玉のひとつです。

富士メイクアップ方式で学力向上

【Q】このほかに取り組んでいることはありますか。

【久永先生】 「富士メイクアップ」という学力向上をねらいとした考査と学び直しのシステムです。テストが評価のためだけのものではなく、真に学力向上につながるよ

年間行事

おもな学校行事（予定）

4月	入学式　対面式　学習定着度確認テスト　語学研修（中3）
5月	農業体験学習（中2）　音楽鑑賞（中1）　遠足（中2）
6月	体育祭
7月	七夕飾り　八ヶ岳自然体験教室　歌舞伎鑑賞（中3）
8月	短期集中英語講座（中1・2）
9月	文化祭
10月	農業体験学習（中2）　最先端科学学習（横浜国立大との連携・中1）
11月	学習定着度確認テスト　最先端科学関連施設訪問（東大との連携・中3）　職場体験（中2）
12月	エコプロダクツ見学（中1）　すすはらい
1月	研究所訪問（中3）　百人一首
2月	合唱祭　学習定着度確認テスト
3月	

うにしております。年間7回行われる考査内容は以下のとおりです。

・第1回　定期考査
・第2回　定期考査
夏季休業中に学び直し
・第3回　総合考査
前期の成績
・第4回　定期考査
・第5回　定期考査
冬季休業中に学び直し
・第6回　総合考査
・第7回　定期考査
後期の成績

このように短いサイクルで学び直しをさせて、総合考査で実力養成をはかります。毎回5教科の考査があり、前後期の成績に反映されます。また、考査後の先生方の学力分析会が年間7回あります。さらに学力推移調査（全国版中高一貫校の模擬テスト）を年間3回実施し、学力向上に役立てています。

【Q】進路指導についてお聞かせください。

【久永先生】6年間の進路シラバスに沿って、キャリア教育を実践し、生徒の進路実現をするようにきめ細かく指導しております。また具体例として、定期考査ごとの「学力推移シート」と「学力振り返りシート」による「個人カルテ」を作成しています。これにより学習時間や学習方法のアドバイスもしています。

【Q】適性検査についてお教えください。

【久永先生】基本的には読書習慣が大切です。いろいろな新聞のコラムや論説文などを読んで、それに対して自分の考えをまとめる練習も大事ですね。過去問や計算問題、時事問題にも取り組んだ方がいいと思います。あくまで学力だけを問うような問題にはなっていません。

【Q】最後に、どのような生徒さんに入学してもらいたいか、お聞かせください。

【久永先生】本校はスポーツ名門校・東京都アスリート育成推進校でもあり、薙刀（なぎなた）や剣道は全国大会に出場していますし、元Jリーガーのプロコーチによるサッカー部指導など部活動にも力を入れています。やはり学習にも部活動にも、高い目標を掲げて、それに向かって一生懸命に取り組もうと思っている生徒さんにぜひ入学していただきたいと思います。

ふ　じ：約束が５つもあるから、話し合いでは整理して考えないといけないね。

やよい：うん。中でも集合時刻（じこく）までは５５分間しかないけど、クイズを解く時間はあるのかな。

さとし：クイズを解く時間は２人の組み合わせを考えれば計画が立てられると思うよ。

まさと：「虫館」はずいぶん遠くにあるね。でも、ぼくは常に走って移動するから、どこに移動するときも半分の時間で着いてみせるよ。

さとし：でも、ぼくはせっかく森林公園に行くのだから、２倍の時間をかけて周りの景色（けしき）をゆっくり見ながら歩いて行きたいな。

やよい：先生、「まさと君が半分の時間で移動する」、「さとし君が２倍の時間で移動する」の２つの条件が加わっても計画できますか。

先　生：もちろん計画できますよ。今、先生が、**資料２　行動計画例**を作ってみたので見てください。ほかにもいくつか考えられますが、ふじ君どうですか。

ふ　じ：はい。その２つの条件や**資料１　クイズラリーの注意点**の約束を整理して考えたら、さとし君がどの施設に行けないかが分かったし、計画できます。

さとし：さすが！ふじ君はやっぱりぼくたちのリーダーだね。

［問題１］　４か所の施設の中には、さとし君がどのように行動しても計画ができない施設があります。その施設の名前を答えなさい。また、なぜ計画ができないのか、その理由を説明しなさい。

［問題２］　先生が作った行動計画を参考に、それとは**別の計画**を考えなさい。その際、あなたの考えた計画では４人がそれぞれ１番目と２番目にどの施設のクイズを解くのか答えなさい。
※必要があれば、下の作業表を使って考えてもよい。

資料２　行動計画例

<table>
<tr><th></th><th>5分</th><th>10分</th><th>15分</th><th>20分</th><th>25分</th><th>30分</th><th>35分</th><th>40分</th><th>45分</th><th>50分</th><th>55分</th><th>60分</th></tr>
<tr><td>ふ　じ</td><td colspan="2">魚館を通過して鳥館へ移動</td><td colspan="2">やよいとクイズを解く</td><td>植物館へ移動</td><td></td><td></td><td></td><td>さとしとクイズを解く</td><td>森林学習館へ移動</td><td></td><td></td></tr>
<tr><td>やよい</td><td colspan="2">魚館を通過して鳥館へ移動</td><td colspan="2">ふじとクイズを解く</td><td colspan="2">虫館へ移動</td><td colspan="2">まさととクイズを解く</td><td colspan="3">森林学習館へ移動</td><td></td></tr>
<tr><td>さとし</td><td colspan="2">魚館へ移動</td><td colspan="2">まさととクイズを解く</td><td colspan="4">鳥館を通過して植物館へ移動</td><td>ふじとクイズを解く</td><td colspan="2">森林学習館へ移動</td><td></td></tr>
<tr><td>まさと</td><td>魚館へ移動</td><td></td><td colspan="2">さとしとクイズを解く</td><td colspan="2">鳥館を通過して虫館へ移動</td><td colspan="2">やよいとクイズを解く</td><td colspan="2">森林学習館へ移動</td><td></td><td></td></tr>
</table>

※作業表

	5分	10分	15分	20分	25分	30分	35分	40分	45分	50分	55分	60分
ふ　じ												
やよい												
さとし												
まさと												

学校別適性検査分析

東京都立富士高等学校附属中学校

募集区分　一般枠

入学者選抜方法　適性検査Ⅰ（45分）、適性検査Ⅱ（45分）、報告書

文章と資料を読み解く

地図と文章を深く読む力が必要。さとしくんは2倍の時間をかけて歩くことと、地図上での所用時間を結びつけられるか。

問題を解決する力をみる

しめされた「行動計画表」が意味するところを読み解き、それを使って問題を解決する力として発揮できるか。

2010年度 東京都立富士高等学校附属中学校 適性検査Ⅱ問題より

1　中富士小学校６年生が先月行った森林公園での体験学習について、事前学習・当日のできごとに関する文章や資料などを参考にして、あとの問題に答えなさい。

＜事前学習でのできごと＞

先　生：来月の体験学習では、駐車場（ちゅうしゃじょう）に着いてから班員（はんいん）４人で手分けして「虫館」、「魚館」、「鳥館」、「植物館」の４か所の施設（しせつ）へ行ってクイズを解いたあと、森林学習館の前に集合します。今から**資料１　クイズラリーの注意点**を参考に、班員４人がそれぞれどのようにまわるのか話し合ってください。

資料１　クイズラリーの注意点

１．約束

（１）駐車場から出発して、５５分後までに森林学習館の前に集合しましょう。

（２）「虫館」、「魚館」、「鳥館」、「植物館」の各施設へは、各自で自由に移動できます。

（３）各施設では、２人そろってクイズを解きます。あとで確認（かくにん）クイズを行いますので、２人とも理解できるように教え合いましょう。

（４）必ず１人が２か所のクイズを解きます。

（５）班の中で４か所のクイズをすべて解きましょう。

２．森林公園の絵地図

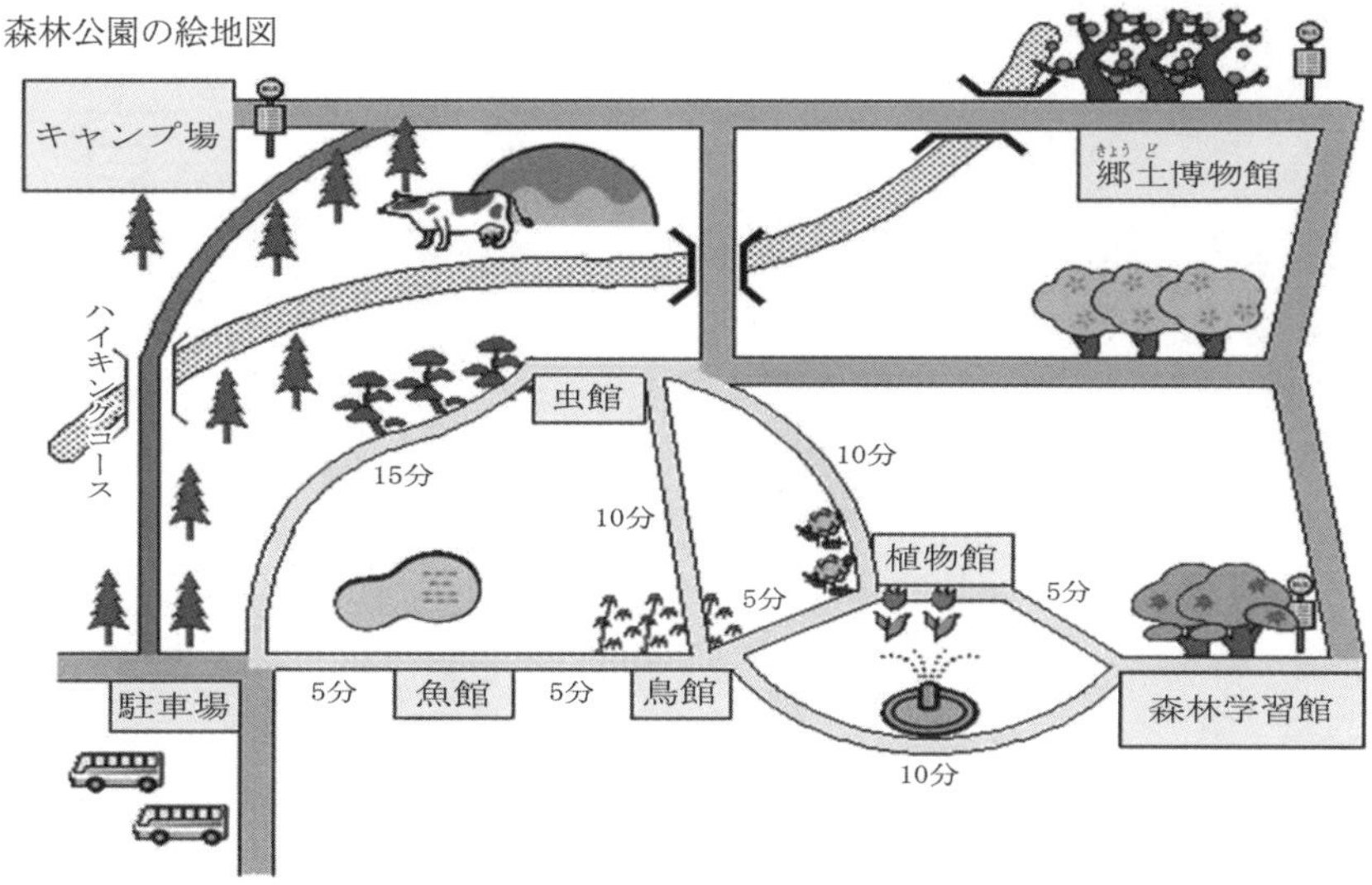

３．クイズを解くのにかかる時間

	ふ じ	やよい	さとし	まさと
虫	○	◎	◎	○
植物	◎		◎	○
魚	○	◎	◎	○
鳥	◎	○		○

組み合わせ	クイズを解く時間
◎ と ◎	５分
◎ と ○	１０分
○ と ○	２０分
◎と空白	２０分
○と空白	４０分

（○：興味がある　◎：得意である）

例：やよいとさとしが「虫館」のクイズを解く場合は２人とも「◎」なので５分かかる。

解説

　都立富士高等学校附属中学校の入学者選抜では、適性検査Ⅰ・Ⅱと報告書の評価比率は8:2です。適性検査はどちらも100点満点ですが、換算してⅠを300点満点に、Ⅱを500点満点としています。ですから報告書は200点満点ということになります。

　適性検査Ⅰでは文章を深く読み取り、内容を適切に把握し、自分の考えや感じたことを表現する力をみます。適性検査Ⅱでは、資料などをもとに、課題を見つけたり、課題を解決したりする力をみるとともにわかりやすく説明する力も試すとされています。その際、必要な漢字が漢字で書かれているかどうかもポイントとのこと。また論理的な表現力、たとえば、文章の主述がしっかりしているかも評価の対象となるそうです。適性検査のボーダーラインは50%弱ですが、ボーダーライン付近では報告書をよく見直すとのことです。

中等教育学校
2010年開校

東京都立

三鷹(みたか)中等教育学校

「勤労・責任・思いやり」を兼ね備えた社会的リーダーを育成

母体校である三鷹高等学校の「自主自律」「文武両道」の校風を継承し、社会的リーダーを育成するために2010年4月に開校した三鷹中等教育学校。限界までチャレンジする生徒を育てます。

茂泉(しげいずみ) 吉則(よしのり) 校長先生

2010年、4月 第1期生160名が入学

【Q】中等教育学校として昨年に開校されましたが、学校はどのようなようすですか。

【茂泉先生】本校は2010年4月に開校し、160名の子どもたちを迎え入れました。全日制課程の母体校である三鷹高等学校を含め、約1000名の生徒が学んでいます。

中学生と高校生では歳の差がありますが、部活、学校行事、生徒会と、母体校の生徒たちが中学生に対してていねいに教え、指導するというふれあいの姿が見られています。

【Q】教育方針をお教えください。

【茂泉先生】母体校の三鷹高校の校風である「自主自律」、「文武両道」を継承しつつ、「勤労」「責任」「思いやり」の資質を兼ね備えた社会的リーダーの育成を教育活動の根幹としています。

「勤労」は、これから社会に飛び立つ子どもたちにとって、自分と他人のために汗を流す精神を忘れないということです。そして、「責任」をともなうということも「勤労」と一対のものです。しかし、それだけでは社会がうまく成り立ちません。他人を思いやり、相手の立場になって考える「思いやり」の心を持たなければいけません。

具体的には、なにごとにも限界までチャレンジし、仲間と仲よくしたり、全力で取り組んだり、諦

学校プロフィール

開　校
2010年4月

所在地
東京都三鷹市新川6-21-21

TEL
0422-46-4181

URL
http://www.mitakachuto-e.metro.tokyo.jp/

アクセス
JR中央線「三鷹」「吉祥寺」バス20分

生徒数
男子161名、女子157名

1期生
2年生

高校募集
なし

3学期制

週5日制
月2回土曜授業

50分授業

入学情報
・募集人員
男子80名、女子80名　計160名
・選抜方法
報告書、適性検査（Ⅰ・Ⅱ）

めない気持ちを育成していきます。

【Q】 母体校の三鷹高校には制服がありませんが、中等教育学校には制服がありますね。

【茂泉先生】 確かに高等学校は私服です。中等教育学校に関しては、現在、後期課程はデザインを変えた制服の導入を検討しています。ですから、6年間制服を着るということになります。中等教育学校の生徒には「制服とマナー」という講演をしています。そこでは、制服の着こなしや制服のあつかい方、三鷹中等教育学校の一員であるという制服の意味などを伝えています。

教育内容を精査した6年間の体系的な学習

【Q】 少人数、習熟度別授業などは行っているのでしょうか。

【茂泉先生】 現在、英語と数学の2教科で1クラス2展開で行っています。習熟度に応じた少人数制のクラスです。習熟度に応じて、伸びる生徒をより伸ばし、つまずいている生徒はつまずきを取り除いてあげる体制をとっています。

【Q】 御校は朝読書を行っておられますね。

【茂泉先生】 教科での学習はもちろん、社会において読み解く力は基本であり、それは急には養われません。読書離れも叫ばれている現在、中1から読書に触れ、読書の習慣を身につけさせることが学校としての役割だと思っています。朝読書によって活字離れを防ぎ、新聞などを読みこなせるようになれば、それがひいてはコミュニケーション能力に結びつくと考えています。また、朝読書とあわせて「4年間で100冊読破」を目標とする読書マラソンにも取り組んでいます。

毎朝10分間の朝読書を実施した

特色ある カリキュラム紹介

1 教科・科目にこだわらない特色ある教育活動 「文化科学」、「文化一般」、「自然科学」

ひとつの教科に限定せずに、横断的にかかわりのある教科・科目に対し、「文化科学Ⅰ（国語）・Ⅱ（公民）」、「文化一般」、「自然科学Ⅰ（数学）・Ⅱ（理科）」という授業が設定されています。

前期課程の1年生では「文化科学Ⅰ（国語）」と「文化一般」を学びます。「文化科学Ⅰ（国語）」では読解力、表現力、コミュニケーション能力の基礎を養い、日常生活や読書活動を材料にスピーチを行います。「文化一般」は、音楽や美術にこだわらない芸術についての基礎的な技能・表現力を学び、情操教育を行います。

また、2・3年生では「自然科学Ⅰ・Ⅱ」を、4年生で「文化科学Ⅰ」を学びます。

2 大学よりさきの人としての生き方、あり方を学ぶ 総合学習・人生設計学

三鷹中等教育学校が独自に行っている特徴的な総合学習が人生設計学です。これは、思いやり・人間愛を育む教育、キャリア教育、課題学習の3つの柱からなり、見学や体験、講演を聞くなどし、将来の目標や学ぶ意識を引きだしていく授業です。

学年に応じてステージが分かれ、それぞれのステージごとに3つの柱に沿ったプログラムが用意されています。具体的には、思いやり・人間愛では1年生ではホームルーム合宿、2年生で農業体験を行います。キャリア教育の面では、職場見学などがあります。

三鷹中等教育学校の近隣には天文台や大学、その他研究機関などが多くあり、それらの機関と連携しながら、本物を見て、触れ、体験して大学や社会を知っていきます。各ステージごとにまとめの論文を作成し、発表することでプレゼンテーション能力も養っていきます。

大学に入ることをゴールにするのではなく、そのさきにある人と人の生き方、あり方を6年間で探求していき、個々の進路の実現に結びつけます。

ことにより、変わったことがふたつありました。ひとつは通学の途中で本を読む生徒が多くなりました。

もうひとつは図書館の貸出冊数が多くなりました。本に親しむ態度が養われつつあると感じています。今後も継続していき、生徒自身が自分から欲する本、読んでみたい本にさらに触れられるのではないかと思います。

【Q】補習や講習などは行われているのでしょうか。

【茂泉先生】 教員が計画的に平日に補習を行っています。基礎力養成講座と応用力養成講座のふたつです。具体的には、数学と英語の2教科で7時50分から8時20分までの30分間実施しています。ほかにも、放課後に英語と数学で補習を週2回行っています。

また、本校では9月に英検を全員が受検します。1年生の9月に4級（中学校1年修了程度）を受検しますので、そのための補習を夏から継続的に行いました。結果的に、96％の生徒が合格しています。現在3級に向けての補習と、合格しなかった生徒は再受検に向けて補習を行っています。

生徒が最高の選択肢を選べるために

【Q】中学・高校の6年間でめざす教育とはどのようなものですか。

【茂泉先生】 高校、大学、そして、そのさきにある人生をどのように過ごすか、6年間で探求していくことを教育課程に入れています。

したがって5年までは文系・理系には分かれません。広く深く学んでいくためです。時間的な余裕のなかで興味・関心に応じて、それをさらに深めていくという体制をつくりたいと思っています。そうして興味関心に応じた大学で学んでいくというスタイルです。

さらに、自分の進路に対してよりよい選択ができるようにしていきます。たとえば、英語では、読書マラソンをしたあとに原書を講読します。前期課程のうちに原書講読に移り、6年生までで英検を2級、ＴＯＥＩＣを７３０点まで全員取らせます。そうすると、英語の語彙が約５５００語身につくことになります。東大の英語の入試問題は約５０００語と言われていますから、それに対応できるようになります。このようなかたち

年間行事

おもな学校行事（予定）

4月	入学式　対面式
5月	農業体験（2年） ホームルーム合宿（1年）
6月	合唱祭　芸術鑑賞教室
7月	林間学校
8月	
9月	体育祭　文化祭
10月	道徳授業地区公開講座
11月	職場体験
12月	
1月	百人一首かるた取り大会 修学旅行（5年）
2月	
3月	修学旅行（3年） 卒業式

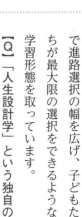

で進路選択の幅を広げ、子どもたちが最大限の選択をできるような学習形態を取っています。

【Q】「人生設計学」という独自の授業もあります。そうしたなかで進路進学指導はどのように行っていくのですか。

【茂泉先生】 6年間を見据えた個人学習カードをつくっています。定期考査や診断テストなど、そのときの評価を記していきます。そうすることで、成績の伸び率やつまずきを見つけることができます。6年間という長いスパンのなかでは凹凸が出ますので、その凹の部分と凸の部分をしっかり見極めて個別指導していくことが本校の使命だと思っています。

進路の選択は本人の希望が第一です。選択の幅を広く、国立大学のみならず海外の大学に関しても選択が可能になるようなシステムをつくっています。

【Q】現在校舎が工事中ですが、いつごろ完成する予定でしょうか。

【茂泉先生】 大規模な修改築工事を行っています。三鷹高校は北・中・南の3つの棟からできており、北棟は新築に、中棟と南棟は骨組みを残して修築します。体育館は今年の1月から修改築が始まっており、7月に完成予定です。現在は体育館が使えませんが、今年の2学期からは使えます。勉強は仮設校舎で行っていますが、12月に校舎が完成する予定ですので、3学期からは新校舎で勉強ができます。

【Q】御校の適性検査について教えてください。

【茂泉先生】 本を読んで、それをまとめる力や、相手の言葉を聞いてそれに対して自分の意見を言えるかどうかを見ています。したがって、小学校の6年間で学んだものをだしてもらえれば、特化して勉強する必要はないと思っています。ですから、本を読み、まとめ、自分の考え、自分の思ったことを自分の言葉で答えられるようになってください。

【Q】最後に御校にはどのような生徒に入学してほしいですか。

【茂泉先生】 互いに思いやるというのが、本校の教育活動の根幹ですので、相手の立場になって考えることができるお子さんに来ていただきたいと思います。いっしょにがんばって、仲よくしようという気持ちを持った子どもに来ていただきたいです。

たかお：こんな展開図にすればいいんだよ。（図３）

図３

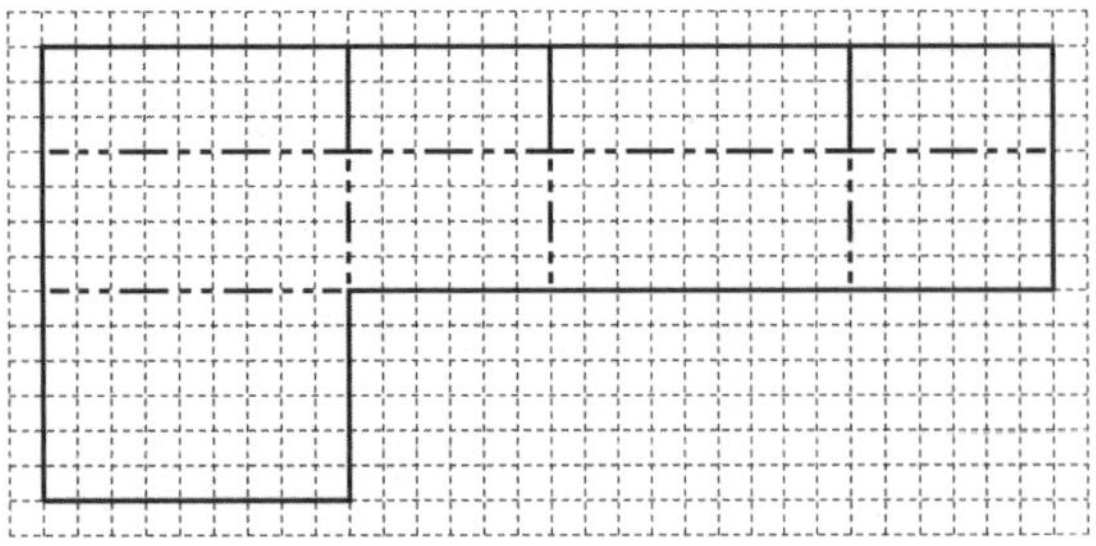

切る線

折る線

みつこ：この展開図だと、側面も底もテープではらないと箱にならないわ。

たかお：テープではらなくても箱になるようにできるのかな。

先　生：この写真（**写真１**）のようにすれば、底になる部分はテープではらなくても組み立てられますね。

たかお：本当だ。展開図の底になる部分はこんなふうにすればいいのかな。（**図４**）

写真１

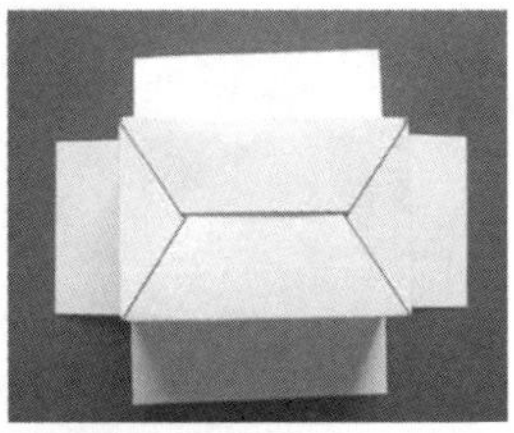

箱の外側の様子

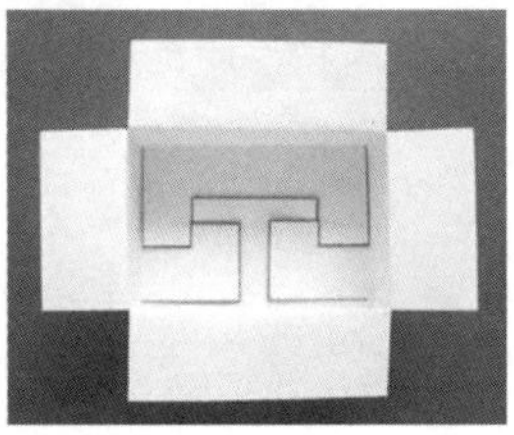

箱の内側の様子

図４

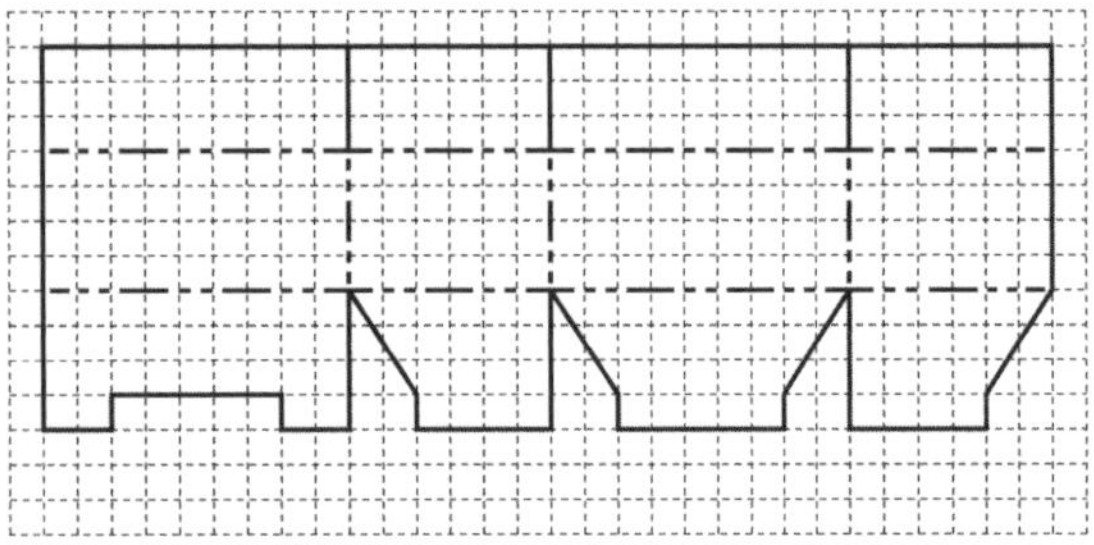

みつこ：この図（**図４**）だと、底になる部分が組み立てられないわ。でも、少し直せば、組み立てられるわよ。

【問題２】 **図４**の展開図を利用して箱を組み立てようとしても、底になる部分が組み立てられない理由を説明しなさい。また、**図４**の箱の底になる部分をかき直して、組み立てられる展開図を完成させなさい。

学校別適性検査分析

東京都立三鷹中等教育学校

募集区分　一般枠

入学者選抜方法　適性検査Ⅰ（45分）、適性検査Ⅱ（45分）、報告書

課題や資料を正しく分析する

与えられた条件を正しく理解し分析して、実際にものを運ぶことをイメージできるか。算数の力も試されています。

論理的思考と表現力をみる

箱を題材として、論理的に思考して問題点をとらえ、筋道を立てて他者にわかりやすく表現できる力を問うています。

2011年度 東京都立三鷹中等教育学校 適性検査問題Ⅰより

３ **たかおくんとみつこさん**の班６人は、**先生**に荷物を運ぶようにたのまれました。

先　生：５時間目に使う工作用紙の入っている段ボール箱１０個を、昼休みの間に玄関から３階の教室まで運んでください。ただし、１人が一度に持てる箱は１個です。

たかお：休み時間は短いから１０分以内で運び終わるかな。

みつこ：班員みんなでいっせいに往復して運んでも１０分以内に終わらないわ。だけど、４人と２人の２組に分かれ、どこかを中継地点に決めて、段ボール箱をそこに置いておくこともできるとすれば、運び終わるわね。玄関、階段、教室の位置と、荷物を運ぶ条件をまとめてみるわ。

条件

・玄関、階段、教室の位置は図１のようになっています。

・中継地点にできるのは、A、B、Cの３地点のいずれかとします。

・段ボール箱を持って移動するとき、玄関とA地点の間は４０秒、A地点とB地点の間は６０秒、B地点とC地点の間は６０秒、C地点と教室の間は８０秒それぞれかかります。

・段ボール箱を持たずに移動するとき、玄関とA地点の間は２０秒、A地点とB地点の間は４０秒、B地点とC地点の間は４０秒、C地点と教室の間は４０秒それぞれかかります。

図１

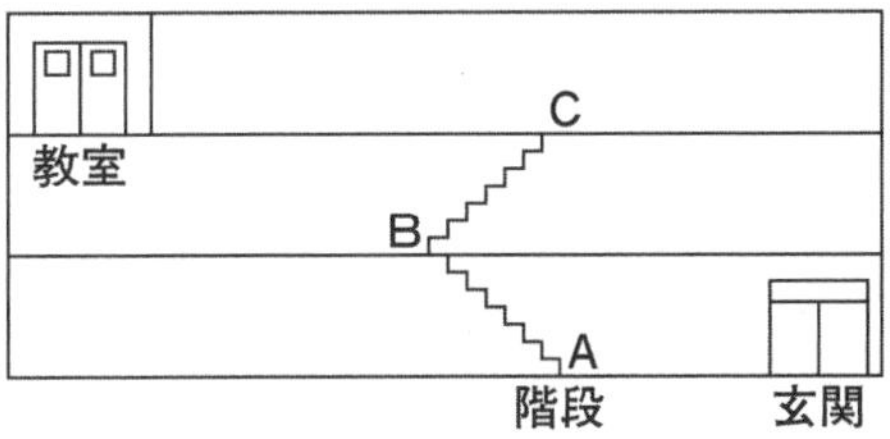

【問題１】 中継地点を、A、B、Cの３地点の中から１つ選び、１０分以内に運び終わることを、班員に分かるように図や表などを用いて説明しなさい。

たかおくんとみつこさんは５時間目に箱を作ることになりました。

先　生：お菓子の箱や段ボール箱のように、箱にはいろいろな用途や形のものがあります。今日は図（図２）のような四角い箱を作ります。工作用紙の目盛りに合わせて展開図をかいてみましょう。

図２

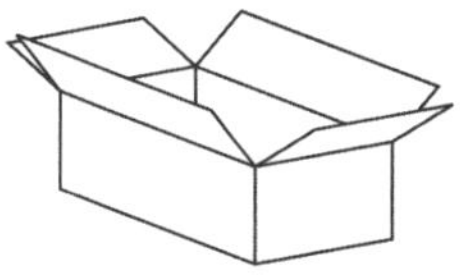

解説

都立三鷹中等教育学校では、適性検査Ⅰ・Ⅱと報告書の成績を換算します。適性検査Ⅰは100点満点ですが換算して500点満点とします。適性検査Ⅱは100点満点を換算して300点満点とします。報告書は640点満点を200点満点に換算します。合計の満点1000点の総合成績で合否を判断します。適性検査Ⅰの比重が大きくその半分を占めるわけです。

その適性検査Ⅰでは、課題や資料の内容を正しく分析し、理論的に思考・判断し、問題を解決していく力をみます。適性検査Ⅱでは、文章を深く読み取り、相手の立場に立って考えるとともに、分かりやすく伝える表現力をみます。2011年度の適性検査Ⅱでは、文章を読む問題が2問だされ、それぞれ記述式で答えるものでした。自分の意見をわかりやすく表現できるかどうかが重要でした。

中等教育学校
2010年開校

東京都立

南多摩中等教育学校

「心・知・体の調和」をもとめる人間力を教育理念に掲げる

2010年（平成22年）4月に、多摩地区を代表する公立中高一貫校としてスタートした南多摩中等教育学校は、『「心・知・体の調和」をもとめる人間力』を教育理念に掲げています。

「心・知・体の調和」のとれた人間教育

【Q】御校の沿革と教育方針についてお教えください。

【小林先生】東京都立南多摩中等教育学校（以下南多摩中）は2010年（平成22年）4月に、多摩地区を代表する公立中高一貫校としてスタートしました。

本校の設置母体である東京都立南多摩高等学校の創立は、1908年（明治41年）。東京府立第四高等女学校として開校してから、すでに100年を超える長い伝統を誇る学校です。

教育理念には、「『心・知・体の調和』をもとめる人間力」を掲げ、「心を拓く」「知を極める」「体を育む」という3つの言葉を目標に、学力だけでなく一人ひとりの生徒がバランスのとれた人間となるような育成をめざしています。

小林　幹彦　校長先生

6年間を見通した教育活動

【Q】6年一貫教育の特徴を教えてください。

【小林先生】中高の6年間で、発達段階に応じた教育活動を展開しています。1・2年を「基礎・基本期」、3・4年を「充実伸張期」、5・6年を「応用達成期」の3期に分けて、学習内容の定着をはかっています。

この3つのステージを基本に中学段階となる前半の3年間を前期課程、高校段階となる後半の3年

学校プロフィール

開　校
2010年4月

所在地
東京都八王子市明神町4-20-1

TEL
042-656-7030

URL
http://www.minamitamachuto-e.metro.tokyo.jp/

アクセス
JR中央線「八王子」徒歩12分、
京王線「京王八王子」徒歩3分

生徒数
男子150名、女子170名

1期生
2年生

高校募集
なし

3学期制

週5日制
月2回程度土曜授業あり

50分授業

入学情報
・募集人員
男子80名、女子80名　計160名
・選考方法
報告書、適性検査（Ⅰ・Ⅱ）

間を後期課程としています。高校募集は行わないので、6年間一貫した教育を実施し、バランスのとれたカリキュラムで生徒一人ひとりの可能性を伸ばすことができます。

高校受験のない「ゆとり」を生かし、6年間を見通した教育活動を行っていきます。

前期課程においては、各教科の基礎基本の習得と、意欲的に学習へのぞむ姿勢や、家庭学習の取り組み方を身につけることを重視しています。

また、発展的な学習を行うとともに、総合的な学習の時間ではフィールドワークに関連する学習を各教科のなかに取り入れ、思考力を高める授業を展開しています。

後期課程の4・5年生は共通必履修科目で学びます。2年間のキャリア教育などの活動をとおし、自分に合った進路をしっかりと見つけます。

6年生では文系・理系に分かれた選択科目を設定し、自己の進路の実現に向けて必要となる学力を最大限に伸ばすことを目的に、より高度な学習に取り組んでいきます。

【Q】学期制や授業時間、時間割についてお話しください。

【小林先生】 3学期制の50分授業で、月曜日から金曜日まで毎日6時限で行っています。

また、土曜日には、2週間に1回、4時限を設けて授業を行っています。

この授業とは別に「土曜講座」というふだんの授業とはちがった角度から追求する探求的な授業を実施しています。各専門の教員が、生徒が興味・関心を持ちやすい授業内容の講座を開き、外部から特別な先生を招くこともあります。希望制で行っていますが、全生徒

特色ある カリキュラム紹介

1 気づき（課題発見力）を大切にするフィールドワーク

総合学習の時間や夏休みを利用して、歴史的、文化的遺産が多い身近な八王子の街にでてたくさんの不思議を発見します。

「なんだろう?」と考え課題を見つけて学びが始まる授業です。

探求することで「仲間と何度も話しあう。探求に失敗しても別の方法を探る。わからないところは専門家からアドバイスを受ける」ということれらの活動をとおして、ものごとを多角的に眺める視点を育成します。

コミュニケーション力を基にした「情報収集力」と「分析力」を育成し基礎的スキルの習得をめざします。1年生での地域学習をスタートとして、2年生で人文科学分野、3年生で自然科学分野とふたつのフィールドワークに取り組みます。4・5年生になると、1~3年生の経験をいかし、研究テーマごとに分かれた少人数による分野別ゼミ研究で、より専門的な内容にチャレンジします。大学、企業、研究所などと連携し、研究成果をリポートにまとめ、オリジナルの論文を発表します。

が参加していますね。

たとえば、投げたら自分のところへと返ってくるブーメランの仕組みを追究したり、ローマ帝国についてのさまざまなものを見ながらわかることを考えていきます。内容は大学受験にもつながる内容となっています。

また、英数国では、少人数制授業を取り入れて、きめ細かな指導をしています。

補習については、朝や放課後の時間を利用しています。各教科の授業で行う小テストで、到達すべきところに到達していない生徒へのフォローや、授業でわからなかったことの質問、発展的な学習など、各自の課題に対応して補習を行っています。

こつこつ わくわく 南多摩

【Q】各教科の教育課程についてお教えください。

【小林先生】本校の学習目標は、「こつこつ、わくわく、南多摩」をスローガンに、習得的学習と探究的学習をバランスよく指導し、自立した学習者の育成をめざします。

意欲的に教えあいながら学習する風土を校内に醸成し、各教科の学習指導において、予習、復習を徹底し、基礎・基本の定着をはかるように授業内容を工夫をしています。

また、フィールドワークをはじめ、行事、部活動、学級活動、委員会活動、放課後の自習時間など、さまざまな機会に、目的、意義、他領域との関連などに触れ、知的好奇心や学ぶ意欲を引きだします。

教科別では、国語については、多くのジャンルや種類の文章を「読むこと」を重視し、読むことから「書くこと」「聞くこと」「話すこと」へと学びを広げます。話しあい活動などの体験をとおして、確かな言葉の力を身につける指導に力を入れています。

数学は、中学3年前半で中学校で学習すべき内容を終え、発展的な学習に移ります。さらに5年生の後半からは生徒の適性・進路希望に応じた学習を実施し、少人数制授業を取り入れてきめ細かく指導しています。

英語は、コミュニケーション能力のすぐれた生徒を育成することをめざし、6年間をとおしてＡＬ

年間行事

おもな学校行事（予定）

4月	入学式　対面式　オリエンテーション合宿
5月	
6月	合唱祭
7月	
8月	
9月	文化祭・体育祭
10月	
11月	
12月	
1月	百人一首大会
2月	マラソン大会
3月	成果発表会

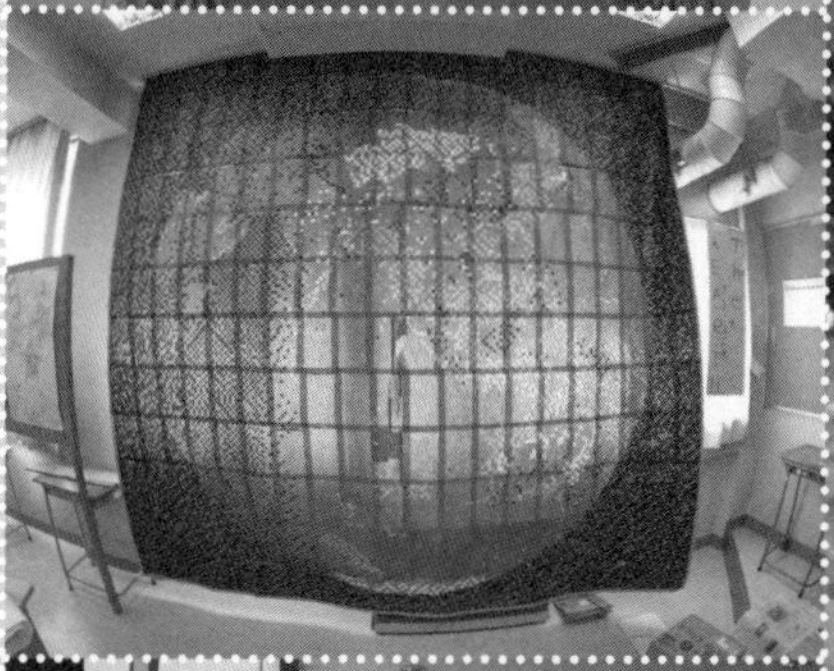

T（外国語指導助手）を活用し、生きた英語を学ぶ機会をたくさん設けています。

　理科は、実験・観察を多く取り入れて、実験結果について話しあい、リポートにまとめます。科学的にものごとを見たり考えたりする力、実験結果を適切に処理する力、論理的に説明する力を育成します。前期課程では、中学校理科から発展的な内容まで含めて学習し、物理・化学・生物・地学の基礎を身につけます。後期課程では、興味・関心や適性・進路希望に合った科目の選択制となっています。

　社会は、地理、歴史、公民の3分野について、前期課程と後期課程のつながりを重視して、学習を進めています。1〜2年生では地理、1〜4年生では歴史、3〜5年生では公民を全員が共通で履修します。

【Q】学校行事や部活動についてお話しください。

【小林先生】 学校行事も充実しており、体育祭、文化祭、合唱祭など高校生とともに活動することで異年齢との交流を設けて、生徒たちはとても楽しんでいます。そして、生徒たちは先輩たちとひとつのものをつくりあげる喜びを味わいながら取り組んでいます。

　現在、部活動は文化部3部と運動部8部が活動中で、9割を超える生徒が入部しています。また、1年生のスタート時には、オリエンテーション合宿で高尾の森わくわくビレッジへ行き、友だちづくりや学校生活について学習します。

【Q】最後に、御校をめざす生徒のみなさんにメッセージをお願いします。

【小林先生】 学習目標に掲げているようにコツコツといろいろなことを学ぼうという意欲、また、わくわくと、見てみたい聞いてみたい、伝えてたいと知的好奇心を持った生徒さんに入学してほしいです。

　そのためにご家庭では、家族のなかでたくさん会話をしたり、本を読んだり、お子さんの興味を広げられるようなかかわり方をしていただければと思います。

　自分の考えや発想を表現できるように、日常生活から気をつけて小学生のうちに身につけておいてほしいです。

学校別適性検査分析

東京都立南多摩中等教育学校

募集区分　一般枠

入学者選抜方法　適性検査Ⅰ（45分）、適性検査Ⅱ（45分）、報告書

1　次の文章を読んで、あとの問いに答えなさい。（＊印の付いている言葉には、本文のあとに〔注〕があります。）

地図は、きわめて便利なものです。現地に行かなくても、その土地のだいたいのようすが、地図をながめることによって、わかります。しかし、地図は、どんなにくわしく現地のようすが描かれていても、それは地図であって、現地ではありません。あくまでも、地図は、いろいろな記号や線、絵などで、現地を表している、一枚の紙切れです。

ことばも、地図と同じように、どんなに効果的に美しくことばを用いても、それはことばであって、ことばが表そうとしているもの、そのものではないのです。したがって、その人のことばの意味を理解することによって、その人の言おうとすることは、だいたいわかります。しかし、その人のことばはどこまでもことばであり、その人が言おうとしていることとまったく同一である、と考えることはできません。

昔から、「百聞は一見にしかず」とか、「見るは聞くにまさる」とか、言われてきました。これらのことばの意味するところは、ことばで、どんなに現地（実物）のようすを伝えようとしても、現地のすべてを代表することはできない、ということです。

私は、ギリシャ神話に、子どものときから親しんできたせいか、＊アテネのアクロポリスにあこがれ、アクロポリスの話を何度も聞いたり、読んだりしていました。そして、写真なども見ておりましたので、私の頭の中には、アテネのアクロポリスのイメージが、しっかりと刻み込まれていました。しかし、実際にアテネを訪ね、近しくアクロポリスを見たとき、それまで私が持っていたアクロポリスのイメージが、いかに部分的なものであったかを、＊痛感しました。＊厳然と高く、丘の頂上に立っているアクロポリスは、それまでことばで読んだり聞いたりしていたより、はるかにすばらしく、＊雄弁だったのです。

みなさんも、一度や二度は、こんな体験をしたことがあるでしょう。

あるもの（こと）を、ことばで表現するというのは、ところどころ穴のあいたバケツで水をすくおうとするのに似ています。自分では一生懸命に水をすくっているのに、知らない間に、いくらかの水は、穴からこぼれ落ちてしまっているのです。つまり、ことばで表現すると、そのもののすべてをことばで言い表そうとしているにもかかわらず、必ず、言い表そうとしていることの一部が、口にされたことばからこぼれ落ちてしまう、ということです。私たちは、このことをしっかり胸にとどめておかなくてはなりません。

ことばは、心と心の通じ合い、つまりコミュニケーションの手段として、人間が創造したすばらしい道具です

解説

都立南多摩中等教育学校では、適性検査Ⅰ・Ⅱと報告書の換算が複雑です。適性検査Ⅰは100点満点ですが倍に換算して200点満点となります。適性検査Ⅱは100点満点で、適性検査Ⅰ＋Ⅱの合計300点満点をさらに換算して800点満点とします。報告書は320点満点ですが換算して200点満点とし、総合成績は、これらを合わせて1000点満点で評価します。 適性検査Ⅰでは、具体的資料を深く読み取り、分析・考察する力や、課題に対して思考・判断し的確に表現する力をみます。また、身近な地域で見ることができる事象に対して興味・関心を持ち、自然や社会現象に対して調査し考察する力もみます。適性検査Ⅱでは、与えられた文章等を深く読み取り、課題に対して自己の経験や体験に基づき、自らの考えや意見を明確かつ論理的に表現する力をみます。2011年度の適性検査Ⅱは、私立中学の国語の出題によく似ていました。

2011年度 東京都立南多摩中等教育学校 適性検査Ⅱ問題より

が、けっして完全なものではないのです。「ことばでは言い表せない」、「*言うに言われぬ」、「*言語に絶する」などということばが、みごとにことばの不完全さを、言い当てているではありませんか。

では、ことばで私たちの心の通じ合いをすることは、不可能なのでしょうか。

もちろん、そんなことはありません。私がここで、ことばが完全な道具ではないということを述べたのは、みなさんに、このことを頭のどこかに入れておいていただきたいからです。

（斎藤美津子『話しことばのひみつ』）

〔注〕

・アテネのアクロポリス――ギリシャの首都アテネにある世界文化遺産。古代の様々な建物が残されている場所。
・痛感――非常に強く心に感じること。
・厳然――近づきがたいほど、きびしく重々しいようす。
・雄弁――はっきり表すこと。
・言うに言われぬ――言いたくても言うことができない。
・言語に絶する――言い表すことができないほどである。

【問題一】「穴のあいたバケツで水をすくおうとする」とは、何をたとえたものですか。「ことばの意味」という語句を用いて、三十字以上四十字以内で説明しなさい。なお、、や。や「なども、それぞれ字数に数えます。

【問題二】筆者は、ことばが完全な道具ではないことを理解した上で、心の通じ合いをすることが可能であると述べています。このことについて、どのようなくふうをすれば、よりよく心の通じ合いができると思いますか。体験から得たあなたの考えを書きなさい。なお、次の〔きまり〕にしたがい、四百字以上五百字以内で書きなさい。

〔きまり〕

○題を指定されたらんに書きなさい。
○最初の行から書き始めます。
○各段落の最初の字は一字下げて書きます。
○段落をかえたときの残りのますめは、字数として数えます。
○、や。や「なども、それぞれ字数に数えます。

課題に合わせ表現する力をみる

与えられた文章の内容が的確にとらえられているか。また、課題として与えられた語句を用いて表現できるかをみる。

論理的に表現する力をみる

文章の内容と自己の経験や体験を関連させながら、自らの考えや意見を論理的に表現して伝えられるかどうかをみる。

併設型
2008年開校

東京都立

武蔵高等学校附属中学校

(むさしこうとうがっこうふぞく)

中高一貫の6年間で育てる 社会に貢献できる知性豊かなリーダー

伝統ある都立武蔵高等学校の附属校として、2008年に産声をあげた武蔵高等学校附属中学校は、中高一貫の6年間を有効に使ったカリキュラムと進路指導で未来のリーダーを育てます。

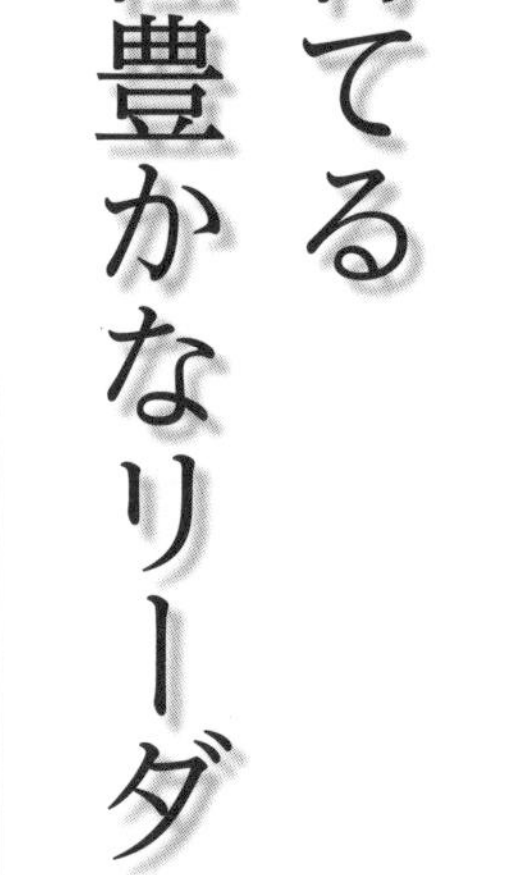

守屋(もりや)　一幸(かずゆき)　校長先生

幅広い教養教育基盤に 未来のリーダーを育てる

【Q】御校の沿革および、教育理念についてお話しください。

【守屋先生】東京都立武蔵高等学校に附属中学校が設置されたのが2008年度（平成20年度）です。1期生は、今年度高1に進学しています。

教育理念として、幅広い教養教育の上に問題解決能力を育成するということを掲げています。

そして、武蔵高の理念を継承するかたちで「豊かな知性と感性」「健康な心と体」「向上進取の精神」の3つの教育目標があります。こういった教育理念、目標のもとで、社会に貢献できる知性豊かなリーダーを育てていきたいと考えています。

【Q】御校は学期制をとっていますか。

【守屋先生】本校は併設型ですので、武蔵高と連動したかたちになり、2学期制です。武蔵高はもともと3学期制でしたが、授業時数の確保や、カリキュラムの組みやすさといった観点から2学期制を採用しました。

たとえば数学などでは、高2の前期でおおむね2年の内容を終え、後期から高3の分野に入っていくかたちになります。

【Q】1学年の人数は120名ですが、クラス編成はどうなっていますか。

【守屋先生】中学は120名を40

学校プロフィール

開　校
2008年4月

所在地
東京都武蔵野市境4-13-28

ＴＥＬ
0422-51-4554

ＵＲＬ
http://www.musashi-fuzoku-c.metro.tokyo.jp/

アクセス
ＪＲ中央線・西武多摩川線「武蔵境」徒歩10分

生徒数
男子168名、女子191名

1期生
高校1年生

高校募集
あり

2学期制

週5日制

50分授業

入学情報
・募集人員
男子60名、女子60名　計120名
・選抜方法
報告書、適性検査（Ⅰ・Ⅱ・Ⅲ）

名ずつの3クラスに分け、男女はおおむね半々となっています。後期課程（高校）からは2クラスぶんの生徒が新たに加わります。そして高1の段階では中入生と高入生は別々のクラス編成で、高2から同じクラスになります。これは、中入生の学習進度が早いため、高入生のカリキュラムを別にし、1年で同じ進度に持っていくためです。

　そのために今年度は7時限目を用意しました。さらに高3から多様な選択科目を設定し、理系の大学・学部を志望する生徒は理系科目を多く選び、文系の大学・学部を志望する生徒は文系科目を多く選ぶというかたちで分かれていきます。

【Q】習熟度別授業や補習、土曜授業などは行われていますか。

【守屋先生】3学年とも英語と数学、国語の一部で1クラスを2展開した少人数・習熟度別授業を実施しています。

　補習は制度的なものはありませんが、毎日朝の10分間を使って朝学習・朝読書を行っています。その時間に自分に必要な学習ポイントをチェックしたり、選んだ本を読んだりしています。また、本校では「学習用ポートフォリオ」というものを使い、これに基づいた各単元ごとの水準を教師が各生徒にしめしています。定期考査でクリアできなかった場合に課題をだしたり、補講などを組むことで、学習のつまずきをできるだけ速やかに補充指導しています。

　土曜日は隔週で授業がありますが、ふたつの使い方があります。ひとつは平日に行事などが入り、授業がなくなった場合の補充として使う場合、もうひとつが土曜講習です。土曜講習は、午前中4時間で、生徒は全員参加します。高

特色ある カリキュラム紹介

1 教材はさまざま 環境問題や社会問題を学ぶ「地球学」

武蔵中のユニークな取り組みのひとつに「地球学」があります。総合的な学習の時間を使い6年間にわたって行われるもので、自然・人間・社会にかかわる内容を総合的にあつかい、さまざまな問題への解決法などを学びます。対象は「地球」に関することなので、森羅万象いろいろなことがらがテーマです。

たとえば、これまでに中・高合同で、ボランティアで古着を2・5トン集め、それを生徒たちが男物・女物・夏用・冬用・着られるもの・ダメなものなどに分け、難民キャンプに送る、などといったことを行っています。

ほかにも近隣の雑木林で生物観察をしたり、身近にいる魚の解剖など、ほんとうにいろいろなもの、ことを教材にして学んでいきます。

中3までにたくさんの知識を得て、高校からはそれをふまえて、自分はなにができるのかを考え、実践していきます。中3の後期にはこれまでの集大成として地球学発表会を実施します。

2 勉強の習慣付けや大学入試対策 節目で行われる勉強合宿

武蔵中には中1のサマーキャンプを筆頭に、さまざまな合宿がありますす。これらの合宿をとおして生徒は学習の習慣を身につけ、生徒同士のきずなを深め、大学入試へ向けた学力を養成していきます。

中1のサマーキャンプでは、体験学習や、キャンプファイヤーなどが行われ、自然のなかでクラスの友好を深めます。中2では農家に宿泊して田植えなどの農作業体験をする「結い」農業体験学習があります。高1では6月にスプリングセミナーがあり、ここでは高入生と打ち解けあい、さらに高校からの学習についての習慣をつける場が用意されています。

高2のウィンターセミナーは4泊5日で行われます。これは勉強合宿で、この合宿中に自分の限界まで挑戦することで真の学力を伸ばすことが目的です。

校の教師が中学生に教えるなどいろいろなかたちがあります。中学で学んでいることを発展させたもので、特設単元を設定して行っています。

また、夏休みの終わりの時期には英・数・国の夏期講習を組んでいます。それまでの学習の補習的なものと発展的なものの両方があり、さらに希望制と指名制の講習があります。

中3生には、中だるみを防ぐ目的で、夏休み明けに都立高校の自校作成問題を使ったテストも行っています。高校から入ってくる生徒がどのくらいのレベルの問題を乗り越えてきているかというのを実感してもらうのと、学年としてどのあたりの学習が足りないかをチェックして、後期でその部分をフォローしていくためというふたつの意味があります。

6年を3段階に分けて キャリア・デザインを重視

【Q】進路・進学指導についてお教えください。

【守屋先生】本校としては授業や行事などすべてがキャリア教育につながっていると考えているのですが、具体的な進路指導としては、6年間を「基礎力養成期」（中1・中2）「充実期」（中3・高1）「発展期」（高2・高3）の3つに分けてキャリア・デザインを行っていきます。

まず「基礎力養成期」に「進路用ポートフォリオ」を作成し、6年間さまざまな機会での振り返りに活用します。また、職業調べ、職場訪問、大学見学、「結い」農業体験など、自分の興味・関心はどこにあるかを知ることをおもな目的としています。

「充実期」は、蓄積されたポートフォリオを使いながら、職場体験学習や、大学教授や企業人、卒業生などを招いて開くさまざまな進路講演会、勉強合宿（スプリングセミナー）などをつうじて自分の得意分野を見つけることがメインになります。

そして「発展期」では、それまでの4年間をもとに、進路を選びとっていきます。専門の講師による進路ガイダンスや模擬試験とその分析会、勉強合宿（ウィンターセミナー）、大学入試センター試験対策などを頻繁に行い、生徒が希望する進路を選び取れるようバ

年間行事

おもな学校行事（予定）

月	行事
4月	入学式 新入生オリエンテーション
5月	「結い」農業体験学習（2年）
6月	音楽祭
7月	サマーキャンプ（1年） 職場体験（3年）
8月	奉仕体験活動
9月	武蔵祭 体育祭
10月	修学旅行（3年）
11月	
12月	社会見学（1・2年） キャンパス訪問（3年）
1月	
2月	職場訪問（1年） マラソン大会
3月	卒業式

ックアップしていきます。近年、国公立大や難関私立大への合格実績が伸びているのは、こういった取り組みの成果だと思います。

中・高合同の三大行事 クラブ活動も非常にさかん

【Q】学校行事やクラブ活動についてお話しください。

【守屋先生】本校には三大行事があり、第一は体育祭です。中・高いっしょで、一昨年までは運営そのものを高2がやっていたのですが、3学年そろったこともあり、昨年は中学生の種目は中学生の体育祭実行委員が考えました。やっと高校生と対等にできるという感じになってきましたね。

　第二が文化祭で「武蔵祭」と呼ばれています。中学は学習成果の発表を行っています。中1はサマーキャンプ、中2は「結い」農業体験の発表で、中3になると修学旅行の事前学習を英語の寸劇で発表したり、演劇同好会のようなかたちで参加したりと多彩です。

　第三が音楽祭です。これも中・高合同で、中1は全員で校歌を歌い、中2からはクラス対抗で歌います。中学生は高校生が歌うのを聞いて感心していますね。総合優勝は中・高合わせたなかから決まります。

　クラブ活動も非常にさかんで、兼部含めて加入率が100%を超えています。ふつうの中学生は中3の夏休みぐらいで引退だと思いますが、本校は併設ですので、中3の後期ぐらいからは長期体験入部として高校の方で部活動をすることができます。

【Q】御校をめざしている生徒さんに、適性検査についてのアドバイスと、メッセージお願いします。

【守屋先生】適性検査というのは、小学校での日常の学習をもとにして、そのうえで、図表などの資料から読み取ったことを自分の考えとして筋道立てて表現する問題が多いので、まず小学校の勉強を大切にしましょう。そして、日常で図表などの資料を見たときに、そこから自分の考えを書いて表現してみましょう。

　好奇心旺盛で人や世の中のことを考えようとする生徒さんに来ていただきたいですね。さきほどの適性検査の部分でも触れましたが、ふだんからいろいろなことを考える習慣をつけてみてください。

はるき：輪軸が「てこ」と同じというのはどういうことですか。
係　員：では、みなさんでためしてみませんか。真ん中を固定した細い棒を用意しました。これに糸を２本を結び付けてばねばかりで引きます。２本の糸はそれぞれ糸A、糸Bと呼ぶことにします（**図３**）。
はるき：これが「てこ」ですね。
係　員：そうです。それとは別に、輪軸を用意しました。それぞれの滑車にまき付けられた糸をばねばかりで引きます。糸はそれぞれ糸C、糸Dと呼ぶことにします（**図４**）。引く力を変えてばねばかりの目もりを読んでみてください。ただし、細い棒の方は真下に向かって引いてください。

図３

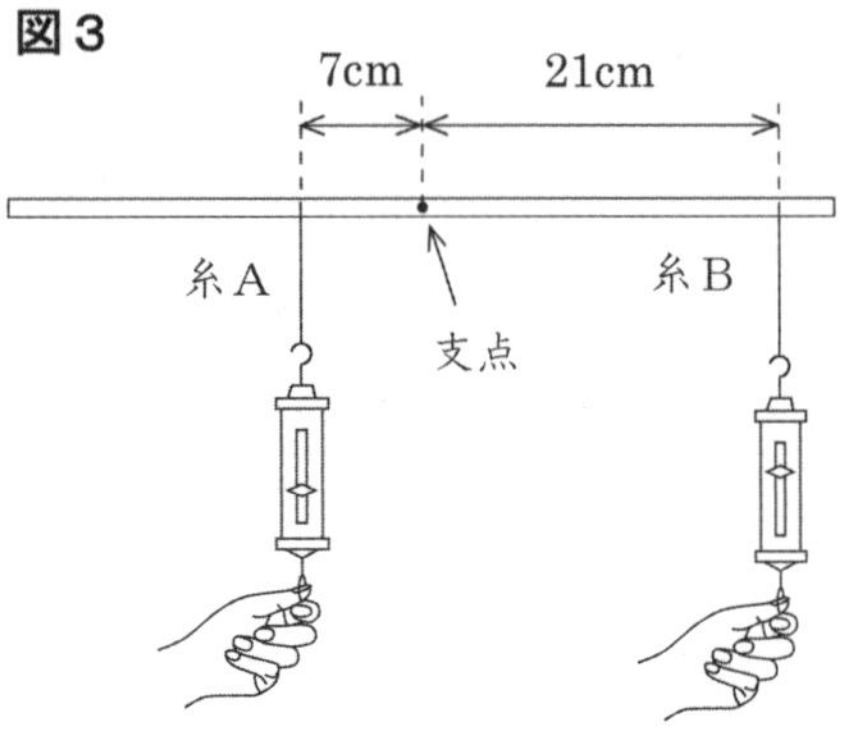

図４

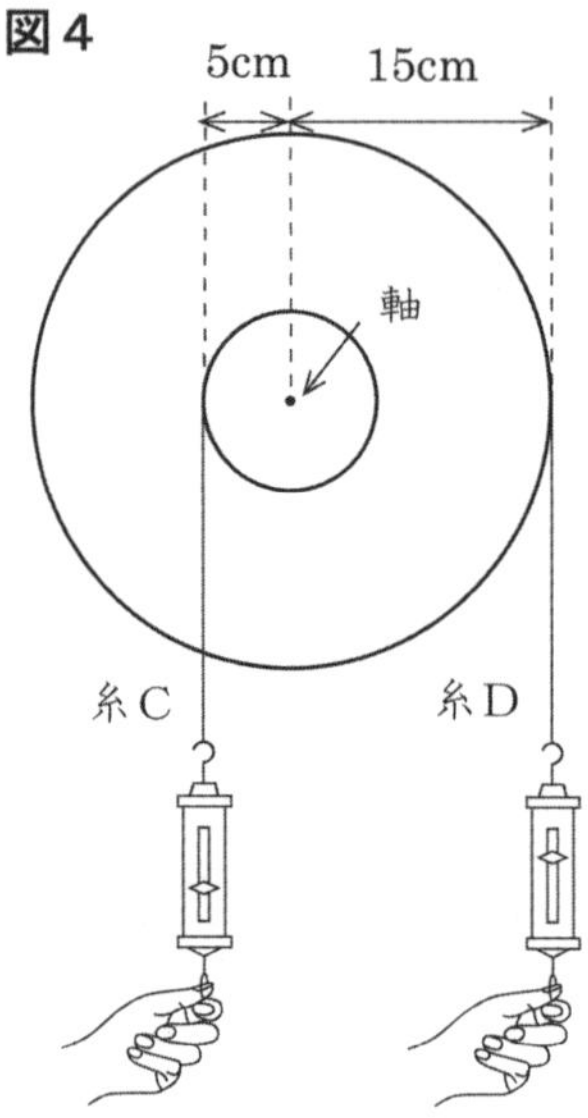

ふゆみ：結果を表にしてみましょう（**表１**、**表２**）。

表１　棒の結果

		糸A	糸B
支点からのきょり		7 cm	21 cm
ばねばかりの目もり	１回目	18 g	6 g
	２回目	30 g	10 g
	３回目	42 g	14 g

表２　輪軸の結果

		糸C	糸D
滑車の半径		5 cm	15 cm
ばねばかりの目もり	１回目	15 g	5 g
	２回目	27 g	9 g
	３回目	48 g	16 g

〔問題１〕　**図４**の輪軸は、**図３**の「てこ」とどのようなことが同じですか。**表１**と**表２**から分かることを答えなさい。

学校別適性検査分析

東京都立武蔵高等学校附属中学校

募集区分　一般枠

入学者選抜方法　適性検査Ⅰ（45分）、適性検査Ⅱ（45分）、適性検査Ⅲ（45分）、報告書

数理的に分析する力をみる

適性検査Ⅲは私立中学の理科の問題と見まがうような問題ですが、実際の場面をイメージできるかどうかが問われます。

問題を解決する力をみる

中学受験で「輪軸」を学習していればやさしいように思えますが、その答えをどのように表現でき、ほかに伝えられるかカギ。

2011年度 東京都立武蔵高等学校附属中学校 適性検査問題Ⅲより

2 はるきくん、なつよさん、あきおくん、ふゆみさんの４人は科学館に来ています。

はるき：昆虫ロボットのコーナーに行ってみようよ。ぼくはカブトムシを飼っているんだ。カブトムシのロボットを見てみたいな。

４人は昆虫ロボットのコーナーにやってきました。

はるき：係員のお兄さん、これは本当にロボットですか。カブトムシにそっくりですよ。

係　員：そうです。ロボットです。このカブトムシを使って綱引きをお見せしましょう。向かい合わせの綱引きです（**図１**）。丸いものは滑車といって、円板の真ん中にある細い棒を中心に回転します。この棒を滑車の軸といって、これをつくえに固定し、円板に糸をかけて引くと、力の向きを変えることができます。

図１

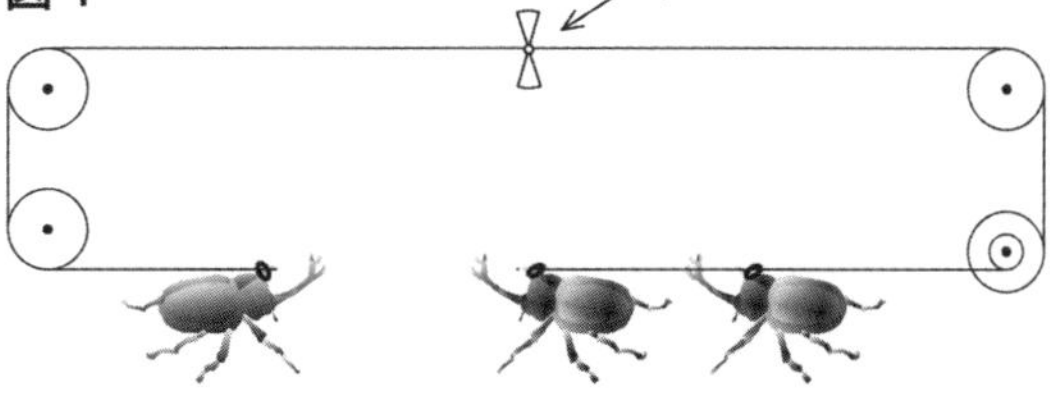

ふゆみ：２匹対１匹の綱引きだわ。糸に付けたリボンが１匹の側に動いていくわ。１匹の方の勝ちね。

あきお：カブトムシによって糸を引く力がちがうのではないですか。

係　員：いいえ。カブトムシが糸を引く力は、３匹とも同じにしてあります。

なつよ：そうだったのですね。あら。２匹が引いている糸の付いている滑車だけは、ほかのとちがいますね。

係　員：そうです。軸が１つになるようにして、半径のちがう２つの滑車をはり合わせてあります。このようなものを輪軸といって、小さな力を大きな力にすることもできるんです（**図２**）。このしくみは、学校で習った「てこ」と同じです。

図２

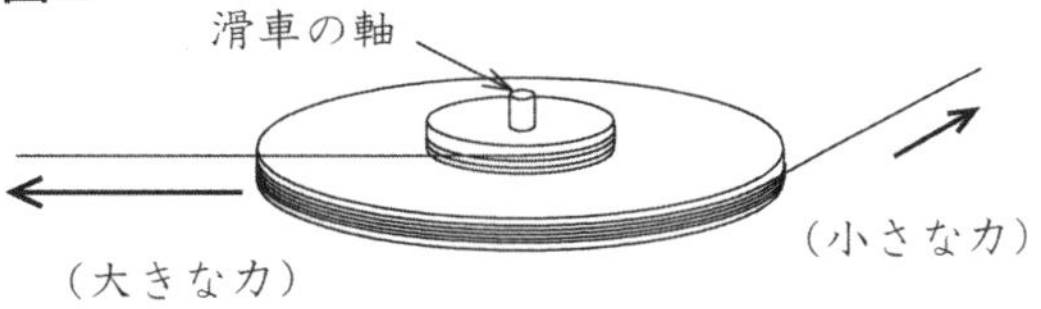

解説

都立武蔵高等学校附属中学校の入学者選抜では、報告書と適性検査Ⅰ・Ⅱのほかに適性検査Ⅲが課されるのが特徴です。適性検査と報告書の評価比率は3:1です。適性検査はいずれも100点満点ですが、それぞれ4倍し1200点満点、報告書は400点満点です。

適性検査Ⅰでは文章を深く読み取る力、自己の体験に基づいて論理的な文章をつくる力をみます。適性検査Ⅱでは資料を分析し考察する力、資料の読み取りに基づいた論理的な思考力、表現力などをみます。独特の適性検査Ⅲではリーダーとして必要な計画する力、問題を解決する力、数理的に分析し課題を見出す力などをみるとしていますが、適性検査Ⅲは算数と理科の問題といってよいでしょう。以上のように、ほかの都立中高一貫校より問題の量が多く、私立中学受験生を意識した内容ともいわれています。

併設型
2006年開校

東京都立

両国高等学校附属中学校
（りょうごくこうとうがっこうふぞくちゅうがっこう）

広く深い教養と知性を身につけ国際社会で活躍できるリーダーを育成

伝統である「自律自修」を教育方針として、質の高い教育活動を展開。生徒一人ひとりの学力向上をはかりながら、高い学力、広く深い教養・知性を養うことをめざしている中高一貫教育校です。

大平（おおひら）　一男（かずお）　校長先生

コンセプトは「ゆとり、継続、交わり」

【Q】 創立にいたるまでの経緯をお教えください。

【大平先生】 東京都立両国高校は、東京府立第三中学校として1901年（明治34年）に設立されました。2006年（平成18年）に中学校が開校し、新しい歴史を刻み始めました。そして2009年（平成21年）に、中高一貫校の教育課程での高校がスタートしました。

中学校のコンセプトは、「国語力を育成する」。それから「英語によるコミュニケーション能力を育成する」、「理数教育を充実する」。それと「教養教育」が基本構想ですね。この中高一貫の大きなコンセプトのなかで、「ゆとり、継続、交わり」が重要となります。異年齢集団が学舎を同じにしている交わりがあります。そのなかで、6年間のゆとりある教育ができるからこそ、発展的な学習が継続できるのです。

本校は週5日50分授業3学期制で、1学年3クラス120名です。高校は1学年5クラス約200名となっており、中学生はそのまま両国高等学校へ進学します。そして残りの2クラスぶんの約80名は、高校から新たに募集します。併設型中高一貫教育校というかたちです。

【Q】 教育方針の「自律自修」についてお教えください。

【大平先生】 2006年（平成18年）

学校プロフィール

開　校
2006年4月

所在地
東京都墨田区江東橋1-7-14

TEL
03-3631-1878

URL
http://www.ryogoku-fuzoku-c.metro.tokyo.jp/cms/html/top/main/index.html

アクセス
ＪＲ総武線・横須賀線・地下鉄半蔵門線「錦糸町」徒歩5分、都営新宿線「住吉」・「菊川」徒歩10分

生徒数
男子164名、女子192名

1期生
高校3年生

高校募集
あり

3学期制

週5日制

50分授業

入学情報
・募集人員
男子60名、女子60名　計120名
・選抜方法
報告書、適性検査（Ⅰ・Ⅱ）

の開設のときに、中高一貫教育校を両国で設立するにあたって、両国の伝統と実績をふまえて「自律自修」の一文が教育目標に入っています。しかし、中学生にわかりやすくするために、「自ら考え、自ら学ぶ生徒」「高い志と使命感をもった生徒」「健康で明朗な生徒」の3つに置き換えて紹介しています。

【Ｑ】教科について、具体的な教育方法をお話しください。

【大平先生】まずは「国語力を育成」、それから「英語によるコミュニケーション能力を育成」「理数教育の充実」が基本構想としてあります。

東京都全体での公立の中高一貫教育校は、社会貢献や使命感、倫理観、あるいは社会のリーダーになるような人材を育成するために、総合的な学力を培い、教養教育を行うことがコンセプトにあると思います。

また、２０１２年（平成24年）に中学校で、そして翌年には高等学校で新教育課程に基づく授業が実施されます。両国では、その先取りとして言語活動を充実させて論理的な思考力を育み、自己表現ができる国語力を育成すべく取り組んでいます。

「英語によるコミュニケーション能力を育成」については、生徒のなかには、読んだり、書いたりするのはできても、話すことは苦手という場合があります。社会では話せる英語が求められていますので、英語をとおして国際社会で活躍できるリーダーの育成をめざすために取り組んでいます。

理科では年間の授業の9割くらいを実験にしています。これは生徒の興味を引くためで、実験や観察を徹底的に行っています。

【Ｑ】志学（こころざしがく）とはどういう学習ですか。

特色ある

カリキュラム紹介

1 進路を早期に分けないカリキュラムで幅広い進路選択が可能になる

両国では1、2年を「基礎学力定着期」、3、4、5年を「応用発展期」、6年を「確立期」としています。特徴的なのは「応用発展期」を3年間として、最後の「確立期」が6年の1年間になっているところです。

だいたいの学校は2年間ずつ分けていますが、両国はちがうかたちをとっています。それは、早期に進路を決定するのではなく、「確立期」に入る前になるべく多くの教科を勉強することで、将来の進路を幅広く選択できるようにしているからです。

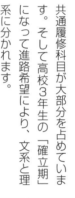

「応用発展期」の高校2年生の選択で、初めて文系と理系とで選択授業が少し変わってきます。それでも共通履修科目が大部分を占めています。そして高校3年生の「確立期」になって進路希望により、文系と理系に分かれます。

カリキュラムでは、高1は英語・数学・国語の単位を増やしています。高2は日本史か理科Ⅱ（物理Ⅱか化学）が選択。高3では文系と理系に応じてさまざまな科目を選択します。

文系の私立大志望だから数学を勉強しなくてもいいということはまったくありません。基礎学力は知らず知らずについていますので、両国ではほぼ全員が大学入試センター試験を受験します。

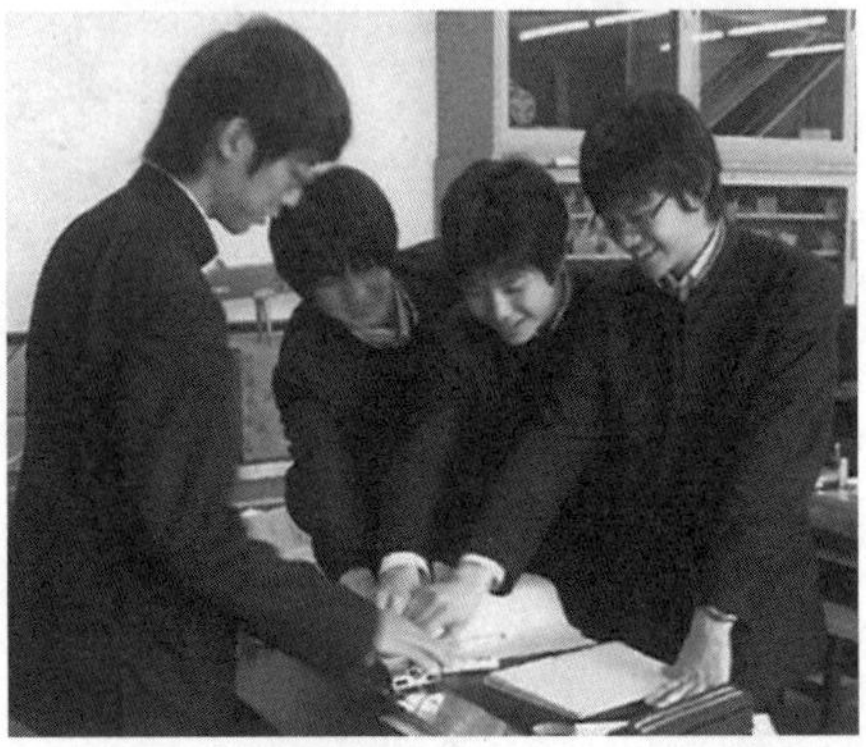

【大平先生】総合的な学習の時間に進路や生き方について意識を深める学習のことです。その一環として、さまざまな方面で活躍しているかたを招いて、講義をしてもらい、高校からさきの将来も意識させています。まさに高い志を抱かせるプログラムが「志学」だと考えております。

知的好奇心を抱かせ創造性を刺激する

【Q】いつも生徒に話されているお言葉はありますか。

【大平先生】 朝礼では身近なマクドナルドの話から、宇宙のことまで話しています。知的好奇心を抱かせることを心がけ、創造性を刺激するような話題をつねに意識して話していますね。

【Q】入学してきたばかりの生徒の人間関係で気をつけていることなどはありますか。

【大平先生】 5月に遠足が、7月には2泊3日の林間学校があります。林間学校では栃木県に行き、田植えやキャンプファイヤー、天体観測を行います。これにより、入学してから早くクラスの友だちと友情ができていますね。

【Q】御校の習熟度別授業についてお聞かせください。

【大平先生】 おもに高1の数学と英語で実施しており、中入生の意識を高めています。また、高校の授業について現役の高校生に附属中の生徒に対して話してもらっています。そうすることで、中学生のうちから高校にあがる心の準備をさせています。

中学では英語と数学で習熟度別授業、または多展開授業を行っています。また、国語や理科では、チームティーチングでひとつの教室に2名の先生が授業をすることもあります。

【Q】補習や土曜授業、夏期講習などはどうされていますか。

【大平先生】 毎日、朝ドリル、朝学習、朝読書というものをやっています。高校では7時間目に放課後講習を希望制と指名制で行っています。土曜授業については中学・高校ともに年間20回程度実施し、午前中4時間の通常の授業をしています。

中学の夏期講習は、中1もありますが、おもに中2、中3で希望制で行っています。高校では全学年で実施しており、いろいろな講

年間行事

おもな学校行事（予定）

月	行事
4月	入学式　入校時テスト
5月	遠足（2年は大使館めぐり）
6月	体育祭
7月	三者面談　林間学校（1年） 外国語宿泊研修（2年）
8月	三者面談 進路体験学習（3年）
9月	文化祭
10月	
11月	職場訪問（1年） 職場体験（2年） 修学旅行（3年）
12月	
1月	百人一首大会
2月	合唱コンクール
3月	到達度テスト　芸術鑑賞教室 球技大会　卒業式

義のなかから、自分で選択して受講しています。

伝統と実績で理数系志望者が多い

【Q】進路・進学指導についてお話しください。

【大平先生】「志学」を総合学習で行い、1年生で職場訪問、2年生で職場体験、3年生で進路体験学習を行い、将来の志や使命感を中学3年間で育てます。そして高校の進路指導では、ふだんの定期考査のほかに、年間校外模試が3回、両国内部でつくった実力模擬試験を3回の計6回模試を実施しています。このようにきめ細かくテストが行われているので、学力の伸びやスランプなども確認しやすくなっています。また、土日には面接や三者面談もあり、生徒のための進学指導のバックアップはしっかりしています。

また、直近の卒業生を招いて大学合格体験談を話してもらったり、土曜日の午後に希望大学別に集まり、進学懇談会を行うなど、進路指導は徹底しています。

【Q】御校の施設についてお教えください。

【大平先生】フロアごとに自習室と講義室が全部で8カ所ほどあり、それを勉強などに使っています。理科は講義室と実験室、準備室があり、中学生としては恵まれている施設だと思います。

中学生のお昼はランチボックスという給食になります。高校生はお弁当になります。そしてめずらしいのは、学校に弓道場があることですね。

【Q】理系を志望する生徒が多いようですね。

【大平先生】多くの学校は文系が多くなりますが、本校は伝統的に理系志望が多いのが特色です。また、最近では理系志望の女子が増えてきています。まさに、これまでの伝統によってつくりあげられた中高一貫教育校だと思います。

【Q】最後に、どんなお子さんにきていただきたいですか。

【大平先生】両国のコンセプトである志を高く、自分だけじゃなくて、世のため、人のために貢献したいと思う、大志を抱き夢を持っている生徒さんに入っていただきたいですね。そして将来は社会貢献をするという生徒にぜひ来てほしいと思います。

りょう：それならば年度ごとの①残余年数を求めてみようよ。

みさき：そうね、求めてみましょう。あれ、**資料３**のグラフなんだか不思議じゃない。残余容量が減っているのにどうして残余年数が増えているのかしら。

りょう：残余容量は毎年減っているようだけれど、その減る割合よりも大きい割合で最終処分量を減らせば残余年数が増加すると書いてあったよ。

みさき：そうか、わたしたちの住んでいる地域で取り組んでいるごみぶくろの有料化も最終処分量を減らすのに役立っているのね。

りょう：②ほかにもごみを減らす取り組みができないかな。

資料２　ごみの最終処分量

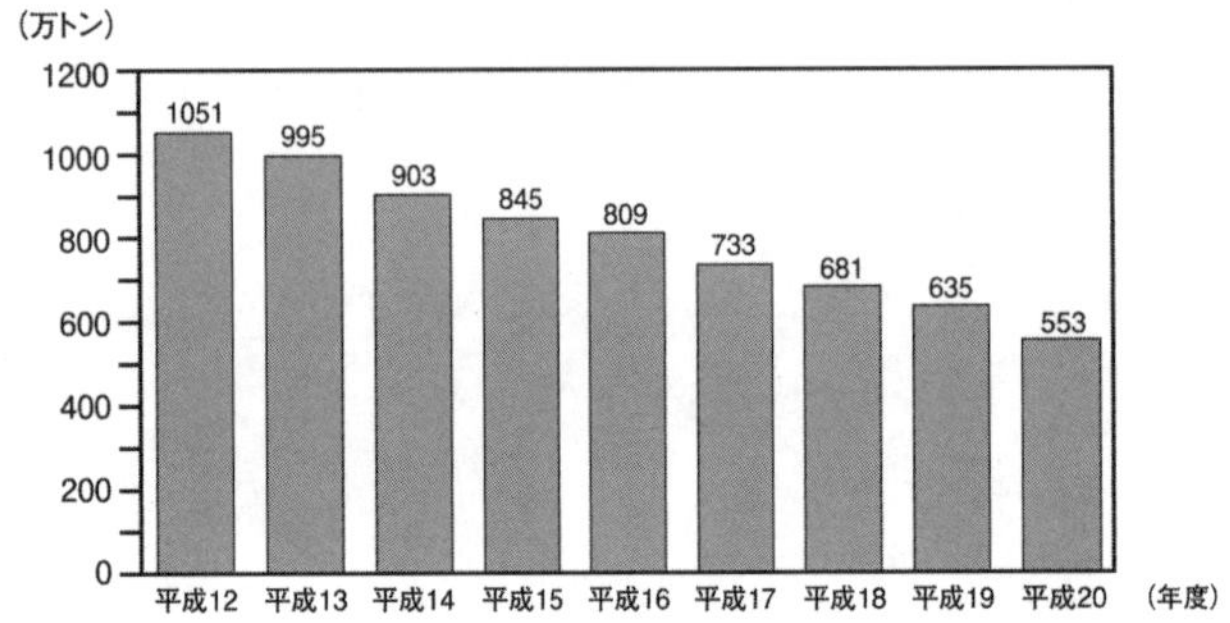

（「平成22年版環境白書」より作成）

資料３　ごみの最終処分場の残余容量と残余年数

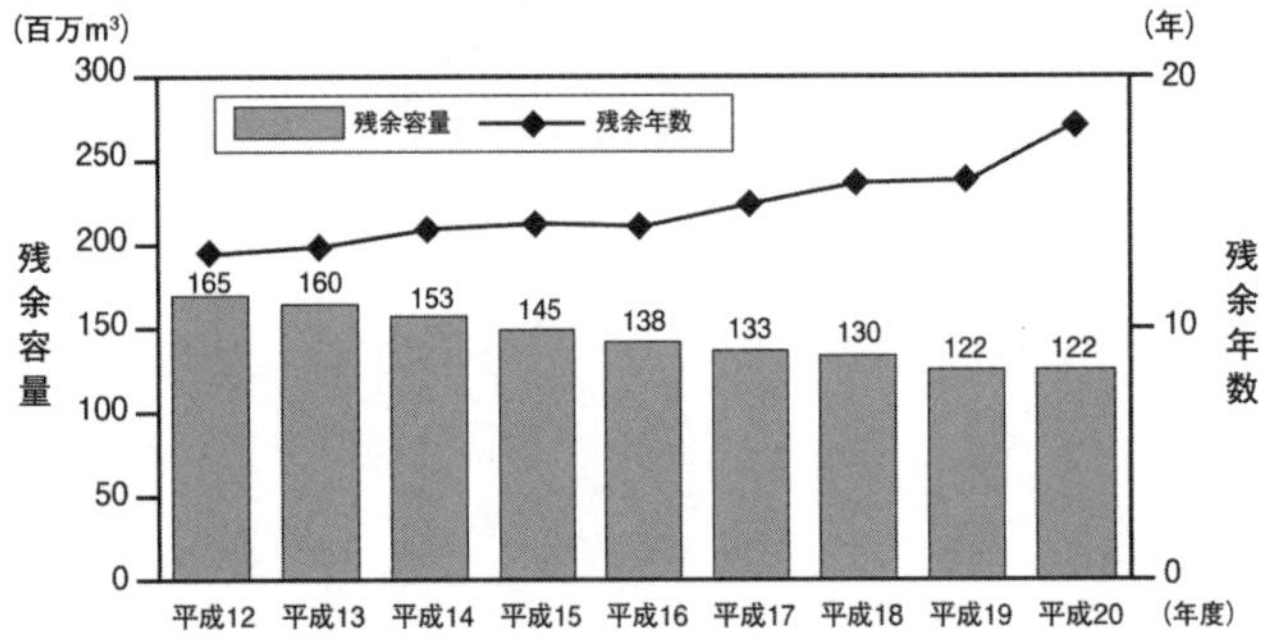

（「平成22年版環境白書」より作成）

（問題２）会話の下線部①残余年数を求めてみようよ。とありますが、**資料１**～**資料３**のうち必要なものを利用して、平成１２年度～平成２０年度の中から１つ選び、残余年数を求めなさい。ただし、計算の結果は小数第二位を四捨五入して、小数第一位まで求めなさい。

（問題３）会話の下線部②ほかにもごみを減らす取り組みができないかな。とありますが、最終処分量を減らすための、小学校の取り組みとして考えられることを１つ書きなさい。また、その取り組みを実現するために、あなたができることを書きなさい。

学校別適性検査分析

東京都立両国高等学校附属中学校

募集区分　一般枠

入学者選抜方法　適性検査Ⅰ（45分）、適性検査Ⅱ（45分）、報告書

社会への関心の程度をみる

ごみ処理の問題をテーマとして出題。与えられた資料を読み取り、思考、判断する力や社会への関心の程度をみます。

課題を解決する力をみる

課題、問題点を分析する力、その問題を解決するべく考える力を試します。自分の意見を表現する力もみます。

2011年度 東京都立両国高等学校附属中学校 適性検査問題Ⅰより

1

現代のように、大量にものを生産し、消費する社会ではごみの処理が大きな課題となります。家庭や商店や会社などから出るごみは、自治体で収集された後、直接うめ立てられるものと、燃やして体積を小さくするなどの中間処理をしてからうめ立てられるものがあります。このようにごみをうめ立てる場所を最終処分場といいます。

りょうくんとみさきさんは夏休みの自由研究で家庭や商店や会社などから出るごみの処理をテーマに、調べ学習に取り組むことにしました。

りょう：**資料1**によると平成20年度のごみの総はい出量は4811万トンで、平成12年度の5483万トンからみるとずいぶん減っているよね。

みさき：これは東京ドームなら、147はい分から129はい分に減ったことになるらしいわよ。

資料1　ごみの総はい出量

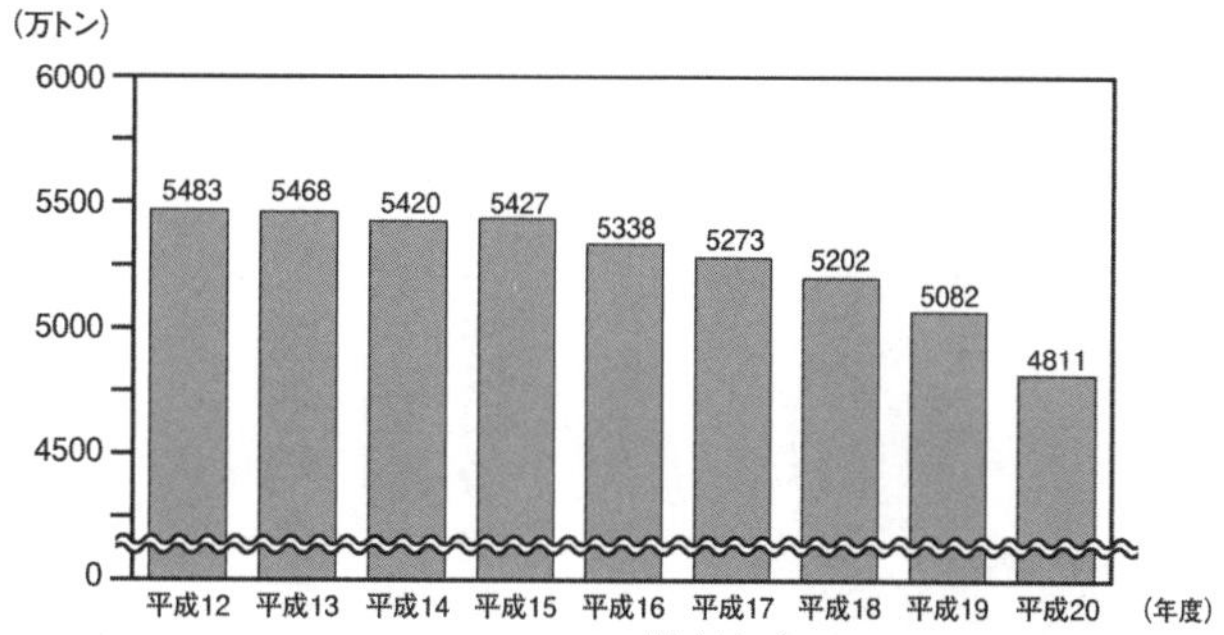

（「平成22年版環境白書」より作成）

（問題１）家庭や商店や会社などから出るごみが$1\,m^3$あたり何トンになるか求める式を書きなさい。計算して答えを出す必要はありません。なお、東京ドームの容積は１２４万m^3とします。

みさき：ところで、**資料２**によると平成１２年度からごみの最終処分量は年々減っているけれど、わたしが調べた資料には、ごみをうめ立てる最終処分場は限界に近づいていると書いてあったわ。

りょう：それは大変だ。最終処分場に関する**資料３**の棒グラフが表している残余容量は、あとどのくらいの量のごみをうめ立てられるかってことだよね。このグラフからは残余容量が減っていく様子が分かるね。

みさき：そうよ。そして、この**資料３**の折れ線グラフが表している残余年数とは、ごみをあと何年うめ立てられるかってことよ。

りょう：残余年数はどうやって求められるのかな。

みさき：「残余年数」は、その年度の「残余容量（m^3）」をその年度の「最終処分量（m^3）」で割れば求められるそうよ。先日調べた資料の中に、最終処分場でうめ立てられるごみは$1\,m^3$あたり0.82トンであると書いてあったわ。

解説

都立両国高等学校附属中の入学者選抜では、報告書(換算後200点)、適性検査Ⅰ(換算後500点)、適性検査Ⅱ(換算後300点)の総合成績1000点で評価しています。配点の大きい適性検査Ⅰ（満点100点）は、問題を分析する力、考察力、判断力、また課題を解決する総合的な力をみます。適性検査Ⅱ（満点100点）は文章を読み取る力、自分の考えを適切に表現する能力をみます。2011年度での適性検査Ⅰは算・理・社の3科目がバランスよく融合された出題でした。もちろん問題に対する読解力がなければ、問題そのものを読み取れません。家庭での日ごろの生活のなかで課題を見いだし、考える姿勢が必要な出題となっています。適性検査Ⅱはボリュームが I より少なくなりますが、国語の読解力がなければ、問題文を読みこむだけでも苦労させられます。すべて記述式で、最後の問題は400字の作文を求められました。

中等教育学校
2009年開校

神奈川県立 相模原(さがみはら)中等教育学校

自分を探し、自分をつくる相模原の6年一貫教育

しっかり学び、じっくり育て、ゆっくり探る相模原中等教育学校の6年一貫教育。生徒一人ひとりの個性をいかし、思考力・判断力・表現力を育て、生徒自身が主体的に学ぶ姿勢を養います。

加賀(かが)　大学(だいがく) 校長先生

3つの「めざす生徒像」育てたい3つの力

【Q】教育目標「人格の完成をめざし、高い知性と豊かな人間性を備え、心身ともに健全な、次世代を担う人材を育成する」についてお教えください。

【加賀先生】本校は、次世代を担うリーダーを育成したいというところをコンセプトにしています。『めざす生徒像』として具体的に「これからの国際社会に対応する幅広い教養と社会性・独創性を備える生徒」「豊かな人間性とリーダーシップを備える生徒」「よりよい社会の構築に貢献できる生徒」を目標に掲げて、私たち教師はこの目標をしっかりと考えながら、実際の教育現場で展開していきたいと考えています。

【Q】御校では「育てたい3つの力」が示されていますが、それについてお教えください。

【加賀先生】3つの力とは、①科学・倫理的思考力②表現コミュニケーション力③社会生活実践力です。

まず①については、次世代を担うような人材を育てるためには、当然ものごとに対して科学的な論拠に基づき、しっかり考察・分析していく力が求められます。さまざまな事象を論理的に理解し、順序立てて説明する力が必要だということです。②は、相手の主張を的確に把握し、自己の考えや行動をその場にふさわしい方法で表現し、相手とお互いによいものをつ

学校プロフィール

開校
2009年4月

所在地
神奈川県相模原市南区相模大野4-1-1

TEL
042-749-1155

URL
http://www.sagamihara-chuto-ss.pen-kanagawa.ed.jp/

アクセス
小田急線「相模大野」徒歩10分

生徒数
男子240名、女子240名

1期生
3年生

高校募集
なし

2学期制

週5日制

45分授業

入学情報
・募集人員
男子80名、女子80名　計160名
・選抜方法
適性検査(Ⅰ・Ⅱ)、グループ活動による検査、調査書

くり出していけるような表現力、コミュニケーション力育成をめざしたいということです。③は、学校で勉強したことを実際に社会に出てから活用していけるような力を身につけることです。さまざまな社会現象を多面的にとらえる知識や技能を持ち、課題解決のために活用できる実践力を身につけてほしいということです。

6年間を3期に分け段階的に学力を養成

【Q】 御校は2学期制を採用しておられますが、その意図をお教えください。

【加賀先生】 2学期制にしたのは、前期・後期という大きなくくりのなかで授業の時間をできるかぎり多く確保したいということです。そして行事などを前期・後期でバランスよく取り入れて、生徒の勤労観などを育成するという面からも年間を通して構成しやすいという点があったからです。

【Q】 6年間を「基礎期」「充実期」「発展期」と3期に分けて教育を行われていますね。

【加賀先生】 本校では、6年間を発達段階に応じて3期に分け、生徒一人ひとりの個性に応じてじっくりと指導することで、中高一貫校の強みをいかしています。

「基礎期」「充実期」「発展期」それぞれに〈学習〉＝しっかり学び、〈生活〉＝じっくり育て、〈キャリア教育〉＝ゆっくり探る、といった3つの力を育む教育活動を取り入れて学びを進めています。

まず、「基礎期」(1年～2年)は、1クラス32名の5クラス編成によるきめ細かな指導を行っています。「充実期」(3年～4年)からは1クラス40名で4クラス編成になります。また、高校の内容を先取りして学習します。「発展期」(5

特色ある カリキュラム紹介

1 サイエンスチャンネル かながわ次世代教養

サイエンスチャンネル＝自然に親しみ、興味や関心に基づいて実験や観察を行い、探究心を育んでいきます。知的好奇心を刺激し、科学・論理的思考力が育てられます。探求活動をつうじて発見したことや考えたことをみなの前で発表し、そのあとで質疑応答が行われます。校外活動における宇宙航空研究開発機構（JAXA）や県立がんセンターでの学びはこうしたことの一環です。週1時間を設けて4年間行います。

かながわ次世代教養＝IT活用や英語コミュニケーション力を身につけ、それらを活用してグローバルな舞台で活躍するリーダーが育成されます。1年次ではプレゼンテーションに必要なITのスキルを身につけます。2年次以降は、そのスキルを活用して、日本の伝統文化や地球環境、さらに日本史をテーマに英語によるプレゼンテーションと質疑応答が行われます。6年間で体系的・継続的に学習していく取り組みです。

2 3つのメソッドを生かした6年間の授業

「読書・暗誦・ドリル」「発表・質疑応答・レポート」「探求・ディベート」の3つのメソッドを柱として授業が展開されています。基礎的な知識・技能が習得され、これらを活用して課題を解決するために必要な思考力・判断力・表現力が育成され、主体的に学ぶ態度が養われます。具体的には、授業のなかで生徒が発言し発表する場面が各教科で行われます。生徒は発表することで、自分の勉強のどこが足りなかったかに気づくチャンスが生まれ、さらには、相手の意見を聞いて、それを自分で咀嚼し、相手にきちんと伝えられる力が育成されます。英語では、ネイティブの発音に慣れながら、暗誦していきます。それをペアでプレゼンテーションすることにより、相手にどのような伝わり方をしたかがわかってきます。自分で表現する喜び、達成感が感じられる授業が展開されています。

年～6年）の5年次には選択科目を取り入れながら授業を行い、6年次は現代文、体育、英語以外の教科は自分の進路を見据えて、進路希望別に自由選択科目で文系・理系に分かれます。

土曜講座と校外学習が充実

【Q】土曜講座についてご紹介ください。

【加賀先生】 土曜講座は、希望制で午前中に45分2時限で行っています。

月曜日から金曜日までの学習を補完していくための講座で、基本的には、英語・国語・数学の基礎的な学習や発展的な学習を組み入れています。また、合唱講座などもあり、幅広い講座内容を用意しています。

【Q】長期休業中はどのようなことをされていますか。

【加賀先生】 夏期講座・冬期講座・春期講座を設けて、5教科を中心に、日ごろの授業の復習講座や発展的な内容の講座を開講して、生徒の学ぶ意欲に応えています。また希望者になりますが、校外学習として、1年次は県立青少年センター科学部へ行き、理科実験講座を受けています。8月下旬には県立がんセンターで外科手術体験セミナーに参加し、鶏の肉を使って手術を体験します。2年次は、8月上旬に宇宙航空研究開発機構（JAXA）の講演に参加します。

高校生とともにつくる体育祭・文化祭

【Q】蒼碧祭についてご紹介ください。

【加賀先生】 本校では、体育部門と文化部門を合わせて蒼碧祭といっています。蒼碧祭は早い時期から高校生活を見せてあげたいということで、母体校である県立相模大野高校生と一緒に行う学校行事です。体育祭は赤、青、黄、緑の4つの団に分かれ高校生と一緒に競いあいます。

中学生は、全体演技のダンス・組体操や団別（学年別）のリレー、二人三脚・三人四脚など競技の練習をしてのぞみます。文化部門では、おもに学習成果の発表や展示、部活動の発表を行っています。今年は3期生が入り、3学年がそろいました。今後、蒼碧祭がどのように進化していくか楽しみです。

年間行事

おもな学校行事（予定）

月	行事
4月	入学式　新入生オリエンテーション合宿（1年生）
5月	
6月	蒼碧祭（体育部門）　出前授業（1年生）　山形農業体験（2年生）
7月	出前授業（1年生）
8月	
9月	蒼碧祭（文化部門）
10月	事業所見学（1年生）
11月	
12月	芸術祭（合唱部門）
1月	芸術祭（展示部門） スキー教室
2月	駅伝・マラソン大会 イングリッシュキャンプ（3年生）
3月	

【Q】芸術祭もありますね。

【加賀先生】クラス全員で行う合唱や美術の授業でつくった作品の展示を行う行事です。展示は12月から1月まで実施していて、12月に全クラスの合唱祭が行われます。グリーンホール相模大野を会場に実施し、優秀な指揮者・伴奏者・クラスには表彰があります。

今年度も、鹿児島大学教育学部准教授の日吉武先生を特別審査員としてお招きしました。先生の講評では、説得力のある表現などについて評価をいただき、今後の合唱表現の追及の仕方を教えていただきました。また、相模大野高等学校卒業生が独唱を披露し、合唱部門に華をそえてくれました。

6年間で「じっくり育てる」

【Q】新入生入学時に特別な行事は行っていますか。

【加賀先生】入学後すぐの4月に2泊3日の新入生オリエンテーション合宿を実施しています。ここではまず集団生活をとおして友情を深める仲間づくりとともに、中等教育の生活がどのようなものかを理解し、学習法講座や体験学習など盛りだくさんの内容が組み込まれています。5月に入ると、担任との面談週間があります。

私が新入生によく話すことは、6年間の自分を見つめて、まず18歳の自分をイメージしましょう、それから10年後、20年後にはなにか仕事を持って働いているだろうから、きちんと働くという主体としての自分が成長していける土台を、6年間でしっかりつくってほしい、そして、自分探しで終わらずに、自分づくりまでやってほしいということです。ですからまだ少し先になりますが、中等教育からの大学進学への実績には、期待するものがあります。

【Q】最後にどんな生徒さんに来てほしいかお教えください。

【加賀先生】社会のさまざまなことに関心を持ち、そうしたことに積極的にかかわろうという意欲ある生徒さんです。

本校は機能改修工事も終わり、空調設備も整い、パソコン160台も用意しています。他の県立高校を上回る施設・設備になってきたと思います。6年間一貫で行う本校の教育指導を、理解してもらえる生徒さんを待っています。

翌日，客２はそば屋に行きました。そばを食べ終わった客２は，お金をはらおうとします。

客２　「ごちそうさま。いくらですか。」
そば屋　「16文でございます。」
客２は，１文ずつ声に出して数えながらはらいます。
客２　「ア1，2，3，4，5，6，7，8。今，なんどきですか。」
そば屋　「イ5つでございます。」
客２　「6，7，8，9，10，11，12，13，14，15，16。」
そば屋　「ありがとうございました。」

注1) 文：むかしのお金の単位。　注2) なんどき：「何時」の意味。

（1）「申の刻」は，わたしたちが使っている時刻の表し方でいうと，何時から何時までを表すか，午前または午後を示して書きましょう。

（2）国立天文台によれば，東京における平成23年５月21日の夜明けは午前３時56分，日暮れは午後７時20分です。東京における平成23年５月21日の昼の「5つ」の始まりは，わたしたちが使っている時刻の表し方でいうと何時何分になるか，午前または午後を示して書きましょう。

（3）落語「時そば」について，次のア，イの各問いに答えましょう。

ア　翌日に客２がそば屋にはらった金額は何文か，書きましょう。

イ　次の［　　］には，客２が客１と同じ金額でそばを食べることについて書かれています。このことについて，［①］，［②］に最もあてはまる数はいくつになると考えられるか，それぞれ書きましょう。

○　客２が下線部アのようにそば屋にたずねるのであれば，［①］つの時刻にそば屋にお金をはらう。
○　そば屋が下線部イのようにこたえるのであれば，客２は［②］文までお金を数えて，そば屋に「今，なんどきですか。」とたずねる。

学校別適性検査分析

神奈川県立相模原中等教育学校

募集区分　一般枠
入学者選抜方法　適性検査Ⅰ（45分）、適性検査Ⅱ（45分）、グループ活動による検査（45分）、調査書

論理的思考の基礎的な力

過去の時刻の表し方を理解し、それをもとに表現コミュニケーション力や科学・論理的思考の基礎的な力をみます。

読解し、内容を読み取る

問題文を含めて、登場人物のやりとりを具体的にイメージできるほどにしっかりと内容を読み取れているかをみます。

2011年度 神奈川県立相模原中等教育学校 適性検査問題Ⅱより

問2 次の文章を読んで，あとの（1）～（3）の各問いに答えましょう。

時刻(じこく)を表すとき，わたしたちは，「時」，「分」，「秒」を使って表しますが，昔の人はどのように表したのでしょうか。

その1つに，1日を12等分して，それぞれの時刻に，「子(ね)・丑(うし)・寅(とら)・卯(う)・辰(たつ)・巳(み)・午(うま)・未(ひつじ)・申(さる)・酉(とり)・戌(いぬ)・亥(い)」の十二支(し)を順にあてはめて表す方法があります。はじめに，午後11時から午前1時の間を「子(ね)の刻」とし，次の午前1時から午前3時の間を「丑(うし)の刻」，そして最後の午後9時から午後11時の間を「亥(い)の刻」というようにあてはめます。

もう1つの表し方は，夜明けから日暮(ひぐ)れまでの昼と日暮れから夜明けまでの夜をそれぞれ6等分する方法です。昼は夜明けを「6(む)つ」として，そのあと順に「5(いつ)つ」，「4(よ)つ」，「9(ここの)つ」，「8(や)つ」，「7(なな)つ」と呼(よ)びます。また，夜は日暮れを「6(む)つ」として，そのあと順に「5(いつ)つ」，「4(よ)つ」，「9(ここの)つ」，「8(や)つ」，「7(なな)つ」と呼び，昼の始まりの「6(む)つ」にもどります。この表し方が落語「時(とき)そば」で使われているので，しょうかいします。

落語「時(とき)そば」

　　ある日，客1がそば屋でそばを食べ，お金をはらおうとします。

客1　「ごちそうさま。いくらですか。」

そば屋　「16注1)文(もん)でございます。」

　　客1は，1文(もん)ずつ声に出して数えながら，そば屋にお金をはらいます。

客1　「1(ひ)，2(ふ)，3(み)，4(よ)，5(いつ)，6(む)，7(なな)，8(や)。今，注2)なんどきですか。」

そば屋　「9(ここの)つでございます。」

客1　「10(とお)，11，12，13，14，15，16。」

そば屋　「ありがとうございました。」

　　そば屋は，客1から受け取ったお金が少なかったことに気づきませんでした。客2は，客1がお金をはらう様子を見ていました。

客2　「よし，8(や)つまで数えてから，『今，なんどきですか。』ときけばいいんだな。」

解説

神奈川の中等教育学校2校（相模原中・平塚中）は同じ問題で検査をします。適性検査Ⅰ・Ⅱでは、これからの社会に必要な力をはかるとされていて、他者の考えや発言を類推し、わかりやすく表現する力、資料を見ながら論理的に分析し、順序立てて表現、説明する力、身のまわりの事象に対する課題意識の有無などをみます。適性検査Ⅰ・Ⅱは算・国・社・理、4教科の融合問題で、検査時間に比べてボリュームがあります。家庭にあってもふだんから新聞やニュースに触れ、問題点を読み取ったり自分の意見をまとめ、筋道立てて説明できるようにしたいものです。家庭でもさまざまな角度から話し合うような習慣をつけるとよいでしょう。なお、昨年度まで実施していた「作文」は取りやめ、検査の日程が1日に短縮されます。「グループ活動による検査」の内容については、平塚中等教育学校のページをご参照ください。

中等教育学校
2009年開校

神奈川県立

平塚(ひらつか)中等教育学校

多彩で豊かな取り組みから次世代のリーダーを育てる

神奈川県初の公立中高一貫校として多彩で豊かな教育内容を展開する神奈川県立平塚中等教育学校。「君の夢は君の好奇心が大きくする」をモットーに、新たな学校文化を創造しています。

望月(もちづき) 正大(まさひろ) 校長先生

【Q】御校の教育理念についてお教えください。

【望月先生】本校は、中高一貫校として、次世代のリーダーとなれる人材、人間性が豊かで、社会貢献できる国際人を育てることをめざしています。そのための理念として「生きる（Live）―深い洞察と鋭い感性―」、「慈しむ（Love）―高い志と豊かな人間性―」、「学ぶ（Learn）―幅広い教養と光る知性―」という「3つのL」を掲げています。6年間一貫した教育課程や学習環境のなかで、個性や創造性の伸長をはかっています。

【Q】カリキュラムはどのようなかたちになっていますか。

【望月先生】基本的には、中高の6年間を発達段階に応じて分けて

3つのLで次世代のリーダーを

【Q】御校は2009年（平成21年）4月に、神奈川県初の公立中高一貫校として開校されました。

【望月先生】本校は県立大原高等学校の敷地内にあり、今年で3年目を迎えました。現在中学1～3年生が在籍しています。大原高校は、2011年度の入学生が最後の新入生となり、2014年度に6学年がそろうまでは、大原高校と併設というかたちです。今年度からは本校、大原高校がともに3学年12クラスになり、合わせて中1から高3まで6学年が並びました。最終的には本校だけで中高6学年24クラスとなります。

学校プロフィール

開校
2009年4月

所在地
神奈川県平塚市大原1-13

TEL
0463-34-0320

URL
http://www.hiratsuka-chuto-ss.pen-kanagawa.ed.jp/

アクセス
ＪＲ東海道本線「平塚」徒歩30分・バス、小田急線「伊勢原」バス

生徒数
男子479名、女子478名

1期生
3年生

高校募集
なし

2学期制

週5日制

45分授業

入学情報
- 募集人員
  男子80名、女子80名　計160名
- 選抜方法
  適性検査（Ⅰ・Ⅱ）、グループ活動による検査、調査書

います。1・2年を「基礎・観察期」、3・4年を「充実・発見期」、5・6年を「発展・伸長期」の3期に分け、学習内容の定着をはかっています。これを基本にしながら、単位制となる後期課程（高校3年間）、とくに「発展・伸長期」では、それぞれの進路や興味に応じた選択科目が大幅に増えます。ですので、基礎を固める4年と発展の2年に分かれているという感覚も持っています。

【Q】学期制や授業時間、時間割についてお教えください。

【望月先生】 45分授業を行っていて、月曜日～金曜日は毎日7時限で行っています。時間割は、一番主要な国語・数学・英語の3科目は毎日あります。そのうち数学は週6時間ですので、週1日は2コマ続けて90分授業にしています。土曜日は家庭学習と位置づけて、予習復習の時間に活用させています。また、本校の1・2年次は1クラス32人の少人数学級で普段からきめ細かな指導をしていますので、習熟度別授業などは行っていません。ただし、3年次は1クラス40人学級のため、英数において少人数習熟度別授業を行っております。

「3つの力」を育てる「Input Intake Output」

【Q】特徴的な取り組みについてお教えください。

【望月先生】「3つの力の育成」というものがあります。これは県が定めている「表現コミュニケーション力」「科学・論理的思考力」「社会生活実践力」の3つの力を育てていこうというもので、そのなかでも、本校はとくに「表現コミュニケーション力」に重点を置いた教育を行っています。教育の内容ですが、特定の教科をつうじ

特色あるカリキュラム紹介

① 多彩な取り組みが注目の「かながわ次世代教養」

「かながわ次世代教養」は、「伝統文化・歴史」、「地球環境」、「英語コミュニケーション」、「IT活用」の4つの分野を、かながわの地域の特性をいかしながら体系的に学ぶことで、未知の事態や新しい状況に対応できる力を養っていくことを目的としています。

平塚中等では、この4分野を1～6年まで週2時間ずつ学んでいきます。昨年は、1年生が「IT活用」でロボットの制作を行ったりしています。「英語コミュニケーション」に関しては、これらと並行しながら取り組んでいくかたちです。

予定としては、5年次までに学んだことを、最終的に6年次で卒業論文にまとめていくことになります。本文中でも紹介した「かながわから日本へ　そして日本から世界へ」といった取り組みも、そのひとつと言えるでしょう。

② 6年間一貫の強みがいきるキャリア教育

4年次までほとんどが必修授業であるため、文系・理系を分けることなくオールラウンドな力を一貫教育のなかで育てることができるのが平塚中等の強みです。

そして5・6年次は、保健・体育と、かながわ次世代教養の時間以外は必修選択科目と選択対象科目となっており、4年間で培った基礎学力をもとに、自分の将来に向けた進路選択に必要な授業を選んでいくことができます。

また、「将来社会に出るときに、なにができるか、なにがしたいか、それを自分で考えられる知識の蓄積や経験をたくさんさせてあげたいのです。ほかの教育内容ともリンクしますが、自分たちの郷土・かながわの地域学習も兼ねたいろいろな行事や、職場体験、福祉体験などの体験学習を頻繁に行っています」と、望月校長先生が語るように、学校行事をとおして将来について考える機会も多く設けられています。

て学ぶということではなく、全教科共通で実施しています。具体的な方法としては、「Input Intake Output（インプット・インテイク・アウトプット）」ですね。ものごとを頭に入れて解釈、理解し、出力するということで、これだけ聞くと当たり前のことなのですが、とくにアウトプットなどは、意外とむずかしいものです。この3つを意識して、生徒同士の発表の場面を多くつくっています。

たとえば弁論大会では、弁士をほかの生徒が評価します。自分だったらこうする、など自分でアピールできる時間や場面を多く用意します。また、「もし、平安時代に旅行代理店の社員だった場合、どんなツアーを考えるか」など、テーマを与え、企画書をつくったりもします。一見遊びのような感じではありますが、地理と歴史の両方がわかっていないといけませんし、さまざまな要素において、教科横断的な力が要求されます。

こうした教科横断的な学習が、6年生で行う卒業研究へ結びついていくと考えています。6年生では、受験勉強はもちろんですが、そればかりに傾倒するのではなく、卒業研究も大きなテーマとして行っていく予定です。

また、「スチューデントメンター制」という制度も行っています。これは、先輩が後輩の相談相手になったり、勉強の指導をしたりするものです。1期生は最初から最後までメンターということになりますが、「いま、君たちの前には道がないけど、そのうしろに君たちがつくってくれた道ができるんだよ」ということを話し、彼らもそれは自分たちの役割だとわかってくれています。

恵まれた環境で学べる6年間

【Q】「かながわから日本へ　そして日本から世界へ」という言葉を使った取り組みも行っておられるようですが、具体的な内容をお教えください。

【望月先生】 神奈川というのは歴史的に見るといろいろと重要な場所です。また、平塚を中心に、海や山、ゴム処理工場、農業試験場など自然や県の施設がたくさんあって、教材にはこと欠きません。ですので、まず1・2年次に「かながわ自然探訪」「かながわ探究」

年間行事

おもな学校行事（予定）

- **4月** 入学式　オリエンテーション合宿（1年生）
- **5月** 生徒総会
- **6月** かながわ自然探訪（1年）　かながわ歴史探訪（2年）　東京郊外学習（3年）
- **7月**
- **8月**
- **9月** 運動会
- **10月** 校内弁論大会
- **11月** かながわ探究Ⅰ（1年）　かながわ探究Ⅱ（2年）
- **12月** 相模人形芝居ワークショップ（1年生）　国内研修旅行（3年）
- **1月** 合唱コンクール　百人一首
- **2月** ブリティッシュヒルズ・イングリッシュキャンプ（2年）
- **3月** 歩行大会

といった授業で「かながわ」について学びます。郷土史を含めて地元を知ろうということです。次に3・4年次ではそこから広げて「日本」について学ぶことで、日本の文化を「世界」に紹介できる教養を身につけていきます。

【Q】入学してすぐに行われる「オリエンテーション合宿」のねらいについてお教えください。

【望月先生】 4月の下旬に、相模原中等教育学校の生徒と合同で、2泊3日で三浦ふれあいの村に行きます。海があって、畑があって環境がよいですし、歴史的にも興味深いところです。

ここで過ごす3日間で生徒は一気に変わりますね。大きな効果はふたつあって、ひとつは、コミュニケーションを自由にとりながら、クラスや学年の仲間との人間関係をつくっていくことです。最終日にはクラスとしての目標を発表するのですが、こうしたことをとおして生徒たちは仲間のなかにいるという喜びを感じていきます。

もうひとつは、自分のとなりにいる人がとても大事な人だということをわかる場になるということです。

相模原の生徒といっしょに歌を歌ったりゲームをしたり、さまざまなことをするなかで、学校がちがってもすばらしい仲間ができた、そういうことに気づいてくれる場所にもなるのです。このふたつを感じてもらうのが目的です。

【Q】施設・環境にも恵まれていますね。

【望月先生】 本校のまわりには、平塚市総合公園や平塚競技場など、季節を味わうことができる場所が隣接しています。校内の設備では、冷暖房が完備され、ブース式の自習室や、防音の多目的教室もあります。ＰＣも１６０台用意していますし、学内外でよい学習環境が整っていると思います。

【Q】最後に御校をめざす生徒さんにメッセージをお願いします。

【望月先生】 本校ができるときにテーマとしたのが「好奇心」でした。「なんだろう」とか、「あれっ」と思う疑問を持ち、それを疑問のまま残さないことが大切です。本校の学校案内にもあるとおり「君の夢は君の好奇心が大きくする」が本校のモットーです。ですので、そのような姿勢を持った生徒さんを待っています。

グループでの話し合いや作業（30分間）

（2）１人ずつ，カードを同じグループの人に見せながら，文化発表会で行う劇の物語のあらすじをわかりやすく１分ぐらいで発表しましょう。

（3）それぞれが発表した物語のあらすじを参考に，グループで話し合い，１つの物語にまとめましょう。なお，話し合うなかで，発表した内容を変更（へんこう）したり，新たな登場人物を追加したりしてもかまいません。
※　それぞれが書いたカードや用意された紙，サインペンを自由に使ってください。

（4）物語がまとまったら，文化発表会で行う劇の準備について話し合いましょう。

活動のふり返り（５分間）

自分の意見のまとめ，グループでの話し合いや作業をとおして，あなたが学んだこと，感じたことを書きましょう。

約２００字のスペースが用意されています。

学校別適性検査分析

神奈川県立平塚中等教育学校

募集区分　一般枠

入学者選抜方法　適性検査Ⅰ（45分）、適性検査Ⅱ（45分）、グループ活動による検査（45分）、調査書

自分と他の意見を比べる

与えられた3つの条件を正しく理解し、自他を比べ、他の意見も認めながら全体で準備できるようまとめる力をみます。

みんなのなかの自分を考える

グループ活動をつうじて、どのように自分は考えて行動し、全体のなかでの自分を意識し協力できたかを問います。

2011年度 神奈川県立平塚中等教育学校 グループ活動による検査問題より

グループ活動による検査（40分）

課題 次の文章を読んで，あとの（1）～（4）に取り組みましょう。

あなたの学級では，保護者の方や地域の方を招いた文化発表会で劇を行うことになり，その物語を自分たちでつくることになりました。
今までの話し合いで，次のことが決まっています。

テーマ	助け合い
場面	夏の沖縄
登場人物	少年，少年の妹，イルカ
はじまり	中等教育学校に通う少年が，夏休みに家族と旅行で，沖縄に行きました。ある日，少年と少年の妹が海で泳いでいるとき，イルカの群れに出会いました。1頭のイルカが近づいてきて，「海の中を案内してあげる。」と言いました。イルカは少年と少年の妹を背中に乗せ，海の中にもぐっていきました。そこで2人が見たのは，……。

はじまりに続く物語を考え，みんなで1つの物語をつくりましょう。

自分の意見のまとめ（5分間）

（1）今までの話し合いで決まっている［　　］の中のことをふまえ，文化発表会で行う劇の物語のあらすじについて考え，カードにそれぞれの場面を短い文で書きましょう。なお，新たな登場人物を追加してもかまいません。

〔カードの使い方〕

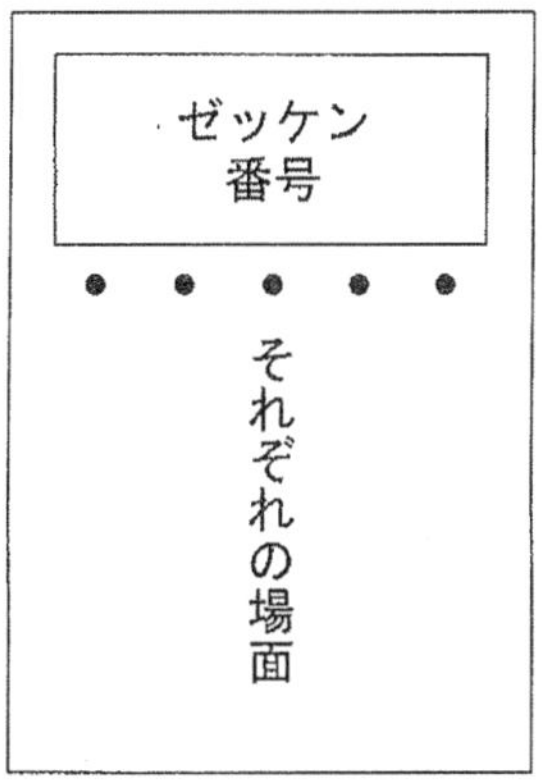

解説

神奈川の中等教育学校2校は同じ問題で検査をします。昨年度まで実施していた「作文」を取りやめ、検査の日程を1日に短縮することを決めました。受検生の負担を軽減するのがねらいとのことです。作文で評価していた「学習意欲」「表現力」については、「グループ活動による検査」のなかで見極めていきます。これにより、「グループ活動による検査」での評価の比重が高くなるのではないかといわれています。「グループ活動による検査」は男女別に8人程度のグループで行われ、3つの課題をふまえて40分で検査されます。出題のねらいは「与えられた課題について、自分の意見をまとめ、グループでの話し合いや作業を行い、活動へのかかわりや、自ら書いた振り返りをとおして、集団のなかでの人間関係構築力の基礎的な力をみる」とのことです。適性検査Ⅰ・Ⅱについては、相模原中等教育学校のページ（100～101ページ）をご参照ください。

併設型
2012年開校予定

横浜市立
南高等学校附属中学校

みなみこうとうがっこうふぞく

２０１２年４月に開校予定 横浜市初の中高一貫校が誕生

２０１２年、横浜市に初となる公立中高一貫校が誕生します。英・数・国の授業時数を大幅に増やし、基礎を徹底するとともに、独自の総合的な学習の時間「ＥＧＧ」により、高い学力と豊かな人間性を育成します。

たかはし まさなお
高橋 正尚 開校準備担当

横浜市民に中高一貫という新たな教育サービスを

【Q】２０１２年４月に横浜市立南高校に附属中学校が開校予定ですが、設立にいたった経緯をお教えください。

【高橋先生】横浜市の教育委員会では高等学校の再編整備を行っており、そのなかで、２００９年に横浜サイエンスフロンティア高校の開校、２０１０年に市立金沢高校への特進コースの設置、そして本校に横浜初の公立中高一貫校をつくることになりました。これは、横浜市民に対して、多様な選択肢を用意する行政サービスのひとつとなっています。

【Q】教育理念としている「知性・自主自立・創造」について教えてください。

【高橋先生】私たちは、現在、６年後の子どもたちがどのように育っていくのかを想定して学校づくりを行っています。そのなかで、「高い学力」と「豊かな人間性」このふたつを兼ね備えた人間になってほしいという願いがあります。

その根幹にあるのが「知性・自主自立・創造」の３つの教育理念です。高い学力は知性であり、自分の人生を切り開き、ふみだしていく自主自立、そしてそこから新たなものを生みだしていく創造ということです。そして、理念が教育目標につながります。学校の教育目標とは、子ども一人ひとりの

学校プロフィール

開校予定
2012年4月

所在地
神奈川県横浜市港南区東永谷2-1-1

TEL
045-822-1910

URL
http://www.edu.city.yokohama.jp/sch/hs/minami/jhs/

アクセス
横浜市営地下鉄「上永谷」徒歩15分、京浜急行・横浜市営地下鉄「上大岡」バス

高校募集
あり

2学期制

週5日制

50分授業

入学情報
・募集人員
160名（男女概ね各80名）
・選抜方法
調査書、適性検査（Ⅰ・Ⅱ・Ⅲ）

将来像です。その将来像に共通することは、一人ひとりが自分自身の生き方に自信を持って、社会のなかでしっかりと生きていくことだと思います。

【Q】中学校用に制服を新調される予定ですか。

【高橋先生】 制服はいまの南高のものを基調にする予定で、女子はそこにリボンをつける予定です。男子は詰め襟です。ボタンで区別することにしています。

【Q】御校での学びで特徴的なところをお教えください。

【高橋先生】 カリキュラムの柱はふたつあります。ひとつは中学校から高校1年まで英・数・国の授業を毎日行います。そのため、標準の授業時数よりもかなり多くなります。英・数・国の力は、すべての基礎となります。その基礎を固めることによって発展的な学習につながっていくと思います。

もうひとつは総合的な学習です。中学校での総合的な学習を本校では「EGG（エッグ）」と呼びます。これはE（explore…探す）、G（grasp…掴む）、G（growth…伸びる）の頭文字を取ったものです。

今年の6月にカナダ・バンクーバーの「ポイント・グレイ・セカンダリー・スクール」と姉妹校提携しましたので、中3でのカナダ研修旅行などを含め、総合的な学習をとおした人間形成を行っていきます。

理解度を優先させ全体的に少人数授業へ

【Q】先取り学習などは行う予定ですか。

【高橋先生】 学校づくりを進めていくなかで、さまざまな学校を見てきました。授業時間数を大きく増やした学校には、先取り学習で

特色ある カリキュラム紹介

1 横浜南の総合的な学習「EGG」とは?

中学校での総合的な学習の時間の3年間の取り組みを横浜市立南では「EGG…E（explore 探す）、G（grasp 掴む）、G（growth 伸びる）」と呼んでいます。探求し、発展させ、成長させるという意味です。

中1では、6年間の人間関係をつくるための研修を4月に行います。行き先はまだ決定していませんが、専門家のかたに、時間の使い方や、高校受験のない6年間の過ごし方を学びます。

そして中2では、英語だけで生活をするイングリッシュキャンプを行い、中3で、姉妹校であるバンクーバーの「ポイント・グレイ・セカンダリー・スクール」に全員がでかけ、現地の生徒たちと交流を持つ予定です。そして、最後に中学校での集大成として卒業レポートを提出します。

また、これらの行事に関連し、土曜日や夏休みには外部から講師を招いた「EGGセミナー」も予定されています。大学などのさまざまな研究期間の専門家による講義が行われます。

2 高校2年でのファームステイは南高の伝統行事

横浜南高では、高校2年次に毎年、修学旅行として北海道にファームステイにでかけます。これは、1軒の農家に対して、生徒ふたりが2泊3日ホームステイし、農業体験を行うものです。おもに酪農農家の家にお世話になり、牛舎の掃除や搾乳などを体験します。これは大自然の恵みや、人と人とのつながり、命の大切さを学ぶ横浜市立南高で17年以上続く大切な行事であり、いまでは伝統となっています。

一見すると、中学3年生でカナダに行き、高校で国内の北海道と近くなっていると思ってしまいがちですが、「距離は目的の高さと関係がない」（高橋先生）とファームステイは、自己の生き方や他者理解を追求する最大の行事であり、そこで生徒は大きく成長するのです。

6年ぶんの学習を5年間で行い、最後の1年間は受験勉強をする学校もありました。しかし、それでは本校の理念と反するので、積極的に先取り学習は行う予定はありません。ただ、中学校と高校のカリキュラムのなかで、重複するような部分や、いっしょに考えてもよいような場合は、深度を深めるかたちで先取り的に学習をする場合もあります。

【Q】習熟度別授業は行う予定ですか。

【高橋先生】 英語と数学は2クラス3展開、理科や技術家庭などは1クラス2展開の予定です。全体的に少人数での授業になります。

その分け方ですが完全にテストの結果のみで決めるということはしないつもりです。いまの南高では高校3年で習熟度別授業を行っていますが、じっくりやりたい生徒と、さきに進みたい生徒がそれぞれ、自分たちでクラスを選べるようにしておりますので、そういったかたちになると思います。

【Q】併設型の中高一貫校ということで、高校からも1クラス（40名）募集がありますね。

【高橋先生】 併設型にして、高校段階で新しく40人の生徒が入ってくることは、中入生にとっても、高入生にとってもすごくいい刺激になると思っています。6年一貫教育で人を育てたいと思っていますが、160名だけでは生まれ得ないものが、1クラス新しく入ってくることによってお互いが刺激になります。高校から入る生徒にとってはできあがっている人間関係のなかに飛びこむのは、苦労するのではないかと心配されるかたもいますが、ゼロからの人間関係ではなく、お互いのよいところを取り入れることができるという点でも意味のあることだと思います。

【Q】現在、南高は単位制の高校ですが、今後も変わりはないのでしょうか。

【高橋先生】 南高は附属中の入学生が入る2015年度以降は学年制になります。

【Q】進路指導についてはどのように考えておられますか。

【高橋先生】 まず、中学校段階での高校入試のための進路指導はありません。そのため、中学1年から、キャリア教育として大学や、大学を卒業したそのさきにあるさ

年間行事

おもな学校行事（予定）

4月	入学式
5月	生徒総会
6月	南高祭（体育祭の部） 合唱コンクール
7月	球技大会
8月	夏期講習
9月	南高祭（舞台・展示・後夜祭の部）
10月	修学旅行（高2・北海道ファームステイ）
11月	生徒会役員選挙
12月	球技大会　生徒総会
1月	
2月	
3月	球技大会 映画教室　生徒総会

まざまな職業について学習していく予定です。総合的な学習も含め、そうすることで、自分の将来をしっかり考えさせる進路指導ができます。

　また、これまで南高は単位制でしたので、それぞれの目的に合わせた授業を取っていました。しかし、それでは進路を変更したいと思ったときに受験資格がないというようなこともあり、なかなか容易ではありませんでした。そのため、今後は、高校2年まで5教科7科目を必履修としています。そうすることで、受験資格として全員が国公立大までを視野に入れることができます。これまでも南高の生徒は入学直後には国公立大学に進学したいという生徒が7割を占めていましたので、生徒がやりたいことを見つけて、第一希望に進めるようにしていきたいと考えています。

【Q】行事は高校生といっしょに行うのでしょうか。

【高橋先生】 現在、南高には南高祭の体育祭の部、文化祭の部（クラス展示・舞台）、合唱コンクール、球技大会など多くの行事があります。基本的には中学生もいっしょに参加することを考えておりますが、参加形態などは、行事によって変わってくると思います。

【Q】入学者の決定方法を教えてください。

【高橋先生】 調査書、適性検査Ⅰ、Ⅱ、Ⅲとあり、それぞれ200点満点、計800点満点です。適性検査はそれぞれ45分で行います。適性検査Ⅰは文章理解と作文が中心です。適性検査Ⅱは数理的な感覚を測る問題になっています。適性検査Ⅲは表やグラフを読み解き、それを表現する力を見るものです。どの検査にも共通するのは、論理的な思考力になります。

【Q】御校にはどのような生徒に入学してもらいたいですか。

【高橋先生】 横浜初の公立中高一貫校ということで、わたしたちは市民の期待に応えられるような学校づくりをしなければいけないと思っています。

　高い学力、豊かな人間性、これらを保証して、卒業したのち、将来の日本を担う人材を横浜から育てていきたいと考えています。その方針に共感をしていただけるかたに多く受検をしていただきたいと思います。

併設型
2007年開校

千葉市立

稲毛高等学校附属中学校

「確かな学力」「豊かな心」「調和のとれた体力」を身につけた真の国際人の育成

千葉市立稲毛高等学校附属中学校は、２００７年４月９日に千葉県内初となる公立の併設型中高一貫教育校として開校されました。中高のつながりをいかした一貫教育で、「真の国際人」の育成をめざします。

奥山　慎一　校長先生

一貫教育で育てるバランスのとれた学力

【Q】御校の沿革と教育方針についてお教えください。

【奥山先生】本校の設置母体である千葉市立稲毛高等学校の創立は、１９７９年（昭和54年）です。本校は、２００７年（平成19年）4月に千葉県内初となる公立の併設型中高教育一貫校としてスタートしました。

今年２０１１年（平成23年）には開校から5年を迎え、1期生が高校2年生に進学しました。

「確かな学力」「豊かな心」「調和のとれた体力」を身につけた真の国際人の育成を教育目標に、校訓「真摯」「明朗」「高潔」の３つを掲げています。

教育目標については、文系・理系に偏らないバランスのとれた学力を育成し、進路において自己実現をめざします。さらに、自然教室や職場体験、海外語学研修など、さまざまな体験学習活動を重視し、異文化を受容できる豊かな心を持つ生徒、また、生涯をつうじて、自分の健康を自分で管理、改善していく能力を育てていきます。

【Q】中高一貫教育のカリキュラムについてお話しください。

【奥山先生】本校は、2学期制の50分授業で、月曜日と水曜日は7時限、他の曜日は6時限目まで授業が行われます。

土曜日は授業を行わずに、部活

動などに活用され、週31時間の教育課程が設定されています。

カリキュラムの特徴としては、6年間を発達段階に応じて、「基礎学力定着期」（中1～中2）「充実期」（中3～高2）「応用発展期」（高3）の3期に分け、一貫した教育を行っています。

このカリキュラムでは、「基礎学力定着期」の中学生に、まず学習方法を身につけてもらい、そのうえで基礎学力を養成していきます。

そして、「充実期」では、高校入試がないぶん授業時数を他の公立中学校より多く確保して学習しています。「応用発展期」の高3は、文系と理系に分かれて、それぞれの目標に向けた学習の向上をめざしています。

【Q】具体的にどのような教育が展開されていますか。

【奥山先生】本校では、少人数制授業を実施しています。1学年は2クラス、1クラスの生徒数は男女半々の40名ですが、英語と数学は1クラスを半分ずつに分けて指導しています。

「夏期講習」は、7月の下旬に4～5日間、8月の中旬から下旬にかけて4～5日間行われ、全生徒が参加して学習します。

高等学校は、1学年8クラスで、「普通科」7クラスと「国際教養科」1クラスで構成されています。中学からの内進生は全員「普通科」へ進学し、高校から入学してくる外進生とは高2まで別クラス編成となります。さらに、内進生のみ、高1で英語と数学を2クラス3展開の習熟度別授業にしています。

本校は、中学校と高校の110人を超える教職員が一体となって、中高6年間の一貫教育の利点をいかし、継続的な指導で一人ひとりの力を最大限に伸ばしています。

学校プロフィール

開　校
2007年4月

所在地
千葉県千葉市美浜区高浜3-1-1

T E L
043-270-2055

U R L
http://www.inage-h.ed.jp/infjuniorhigh/index.html

アクセス
JR京葉線「稲毛海岸」徒歩15分、JR総武線「稲毛」バス

生徒数
男子120名、女子120名

1期生
高校2年生

高校募集
あり（外進生のみ）

2学期制

週5日制

50分授業

入学情報

・募集人員
男子40名、女子40名　計80名

・選抜方法
報告書、適性検査（Ⅰ・Ⅱ）、集団面接

特色ある

カリキュラム紹介

1 実践的な英語コミュニケーション能力の育成をめざす英語教育

設置母体校の稲毛高校は、2003年（平成15年）より2期6年間スーパー・イングリッシュ・ランゲージ・ハイスクール（SELHi）に指定されています。

高校での先進的な英語教育の研究の成果をいかしたカリキュラムや学習法が中学校に導入されています。

コンピュータを使用した最新の音声指導や、ネイティブ語学講師による実践的な英語のコミュニケーション授業などです。

また、留学生との日常的なふれあいによって、英語の能力を高めます。さらに、コンピュータを利用した語学学習システムを備えるCALL教室では、生徒一人ひとりの進度に合わせた適切な教材が与えられ、自分のペースで力を伸ばすことができます。

個々で身についた英語力は高等学校で実施されるオーストラリアの海外語学研修で試すことができます。中3の後期から高校の内容に進むので、中学修了時点で英検準2級、高2で全員が英検2級を取得することを目標にしています。

さらに、千葉大学で開発したマルチメディア語学教材も使用していく予定です。

2 真の国際人を育成する

「真の国際人」をめざすためには、英語が使えるというだけではなく、日本のこと、地域のことを正しく理解し、世界の国々と比較できるようになることが必要です。世界の人びとに日本について伝えることができて初めて、「真の国際人」といえるのです。

選択科目では「世界と日本」を用意しています。国語では、古今のさまざまな文章に触れることをつうじて、自国の文化を学んだり、国際社会との関係を考える学習を行っています。

さらに「総合的な学習の時間」では、茶道、華道、武道などをとおして、日本の文化に触れる授業にも取り組んでいます。

独自の学校設定科目と充実の英語教育が特徴

【Q】学校独自の選択科目を取り入れていますが、それについてお教えください。

【奥山先生】 中1から中3にかけて、独自の学校設定科目である「総合科学」「世界と日本」「英語コミュニケーション」が設けられています。

「総合科学」では、理科の実験やコンピュータを使った情報技術を学びます。「世界と日本」は、歴史・地理・公民の分野について、世界の国々と日本をさまざまな観点から比較して、異文化理解を深めます。そして、「英語コミュニケーション」は、ネイティブの講師による実践的な英語の授業を展開しています。

このような学校独自の学習は、本校の特色であり、教育目標である「確かな学力」「豊かな心」を育成しています。

そのほか、英語の授業は、少人数制クラスで行い、コンピュータを使用した最新の個別音声学習を実施。全員が高校2年次に英検2級取得を、卒業までにTOEIC650点レベルをめざします。

また、英語でプレゼンテーションができるようになることを目標に、中学3年次には、京都・奈良への修学旅行のあとに、名所・旧跡など訪れた場所について英語でスピーチして発表します。

高校では2003年（平成15年）に2期6年間、文部科学省からスーパー・イングリッシュ・ランゲージ・ハイスクール（SELHi）に指定されました。

現在では、各学年にひとりずつネイティブの講師が常駐していて、SELHiの研究成果に基づき、先進的な英語教育を充実させています。中学にも波及させ、CALL教室も新しく設置しました。

2011年度には、高校2年の内進生は、10月にオーストラリアへ語学研修に行くことが計画されています。4班に分かれて、13日間ホームステイをしながら、クイーンズランド州にある4高校に行くというプランです。

また、本校が開校する前から、高等学校の国際教養科ではカナダとアメリカに分かれて海外語学研修を実施しており、普通科の生徒も希望制でアメリカでの語学研修

年間行事

おもな学校行事（予定）

4月	入学式　スタートアップセミナー　交通安全教室
5月	
6月	陸上競技大会
7月	飛翔祭（文化祭） 夏期講習
8月	夏期講習
9月	生徒会役員選挙 前期終業式
10月	後期始業式　修学旅行
11月	異文化理解講座
12月	
1月	百人一首大会
2月	マラソン大会
3月	修了式

に参加しています。

本校ではこのように、教育目標にある「真の国際人の育成」へつながるものとして、さまざまな指導が計画、実践されています。

【Q】学校行事と学校施設について教えてください。

【奥山先生】数々の学校行事のなかで、陸上競技大会や飛翔祭（文化祭）、マラソン大会は、中学・高校合同で行われています。そのほか、入学直後に実施するスタートアップセミナー、自然教室、修学旅行などの多彩な行事は、生徒に一生忘れられない感動を与えています。

また、施設・設備面においては、蔵書4万冊を超える図書館、英語や数学の少人数授業などで使用するジュニア・セミナールーム、国際交流の場としても利用している第2特別教室棟、部活動の合宿に利用している朋友館のほか、すべての普通教室に空調設備を設置するなど、学習環境も充実しています。

さらに、中学が開校してから高校の制服も新しくなり、さまざまな面で中高一貫校としての新たな歴史が刻まれています。

6年間継続する進路指導が有効

【Q】御校へ入学を希望する生徒へのメッセージをお願いします。

【奥山先生】中高一貫教育校のよさは、中学校で行ってきたことをふまえながら高校でも指導できるという点です。高校でも、進路指導部を中心に、面談を行いながらきめ細かく指導をしていますが、中学から継続しているという部分で相当大きなメリットがあると考えています。

6年間積みあげてきた職業観や進路意識に基づいて第1志望の大学への進学をかなえさせてあげたいという考え方をしています。

私は本校の生徒にいつもポジティブシンキングについてを話します。たくさんの社会体験や自然体験、異文化体験をしたり、ボランティア活動などにも積極的に取り組んだりすることで、自分を高めていく意欲のある生徒になってほしいと思います。ですから、この方針に理解をしめしてくれる生徒が本校には向いていると思いますし、入学したら、そのような生徒に育てたいと思っています。

学校別適性検査分析

千葉市立稲毛高等学校附属中学校

募集区分 一般枠

入学者選抜方法 適性検査Ⅰ（45分）、適性検査Ⅱ（45分）、集団面接、報告書、志願理由書

問１　図１のつり合う組合せから、Ａの重さはＤの重さの何倍になるか数字で答えなさい。

問２　図２のように、ある物体Ｘの重さを量るために、てんびんの片方にＸ、もう片方におもりＡを置いたら、Ａの方が重いことがわかりました。このあと、Ｘの重さを量るとあるおもり３個でつり合うことがわかりました。このときＸとつり合うおもり３個として考えられる組合せを例にならって、すべて書きなさい。

（例）おもりＡ１個とおもりＢ２個でつり合うと考えたときは→（Ａ，Ｂ，Ｂ）と書きなさい。
ただし、（Ａ，Ｂ，Ｂ）と（Ｂ，Ａ，Ｂ）と（Ｂ，Ｂ，Ａ）は同じものとする。

2　図１のように、四角に入っている２つの数を足した数が、上の四角の数になることとします。あとの問いに答えなさい。

図１

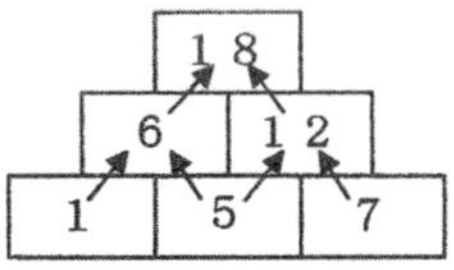

問１　図２の一番上の四角に入る数が２０になるように、空いている四角に適した数をうめなさい。
　ただし、一番下の段の四角に入る数は１～９のどれかとし、同じ数字は２回使ってはいけないものとします。
（下から二段目以上は同じ数字が出てきても良いことにします。）

図２

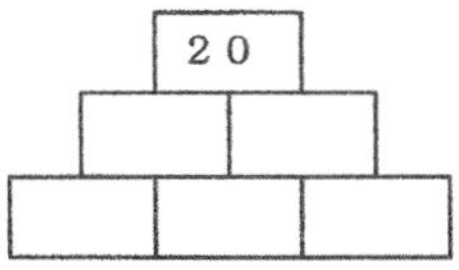

問２　図３の一番上の四角に入る数が５０になる数で、一番下の段に入る数の合計をできるだけ小さい数になるように、空いている四角に適した数をうめなさい。また、一番下の段の合計も書きなさい。
　ただし、一番下の段の四角に入る数は１～９のどれかとし、同じ数字は２回使ってはいけないものとします。
（下から二段目以上は同じ数字が出てきても良いことにします。）

図３

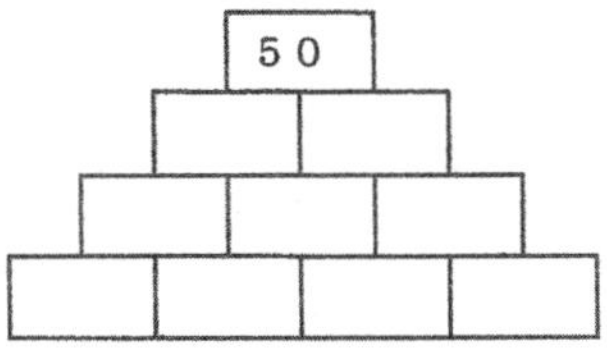

数理的なものの考え方をみる

ものの「つりあい」の関係性から考える問題です。Aを100とするとBは50というように考えを進められるかがカギ。

与えられた課題の理解度をみる

パズルのような出題ですが、課題の条件を正しく理解して、答えを導きだそうとしているかどうかをみます。

2011年度 千葉市立稲毛高等学校附属中学校 適性検査問題Ⅰより

1 ＡＢＣＤの４種類のおもりがあります。その４種類のおもりをてんびんにのせたところ、図１のような組合せでつり合っています。図をよく見て、あとの問いに答えなさい。

図１

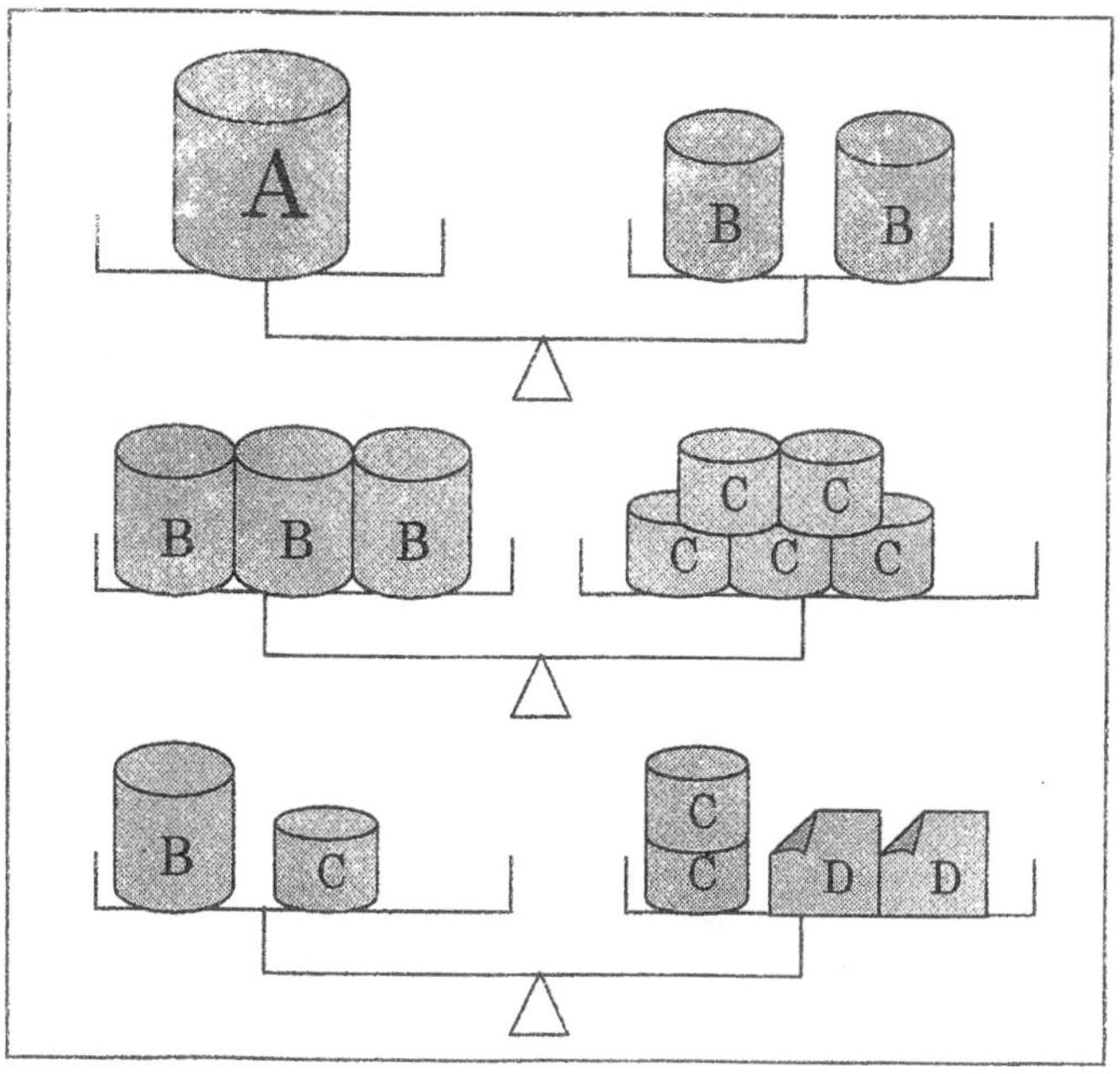

図２

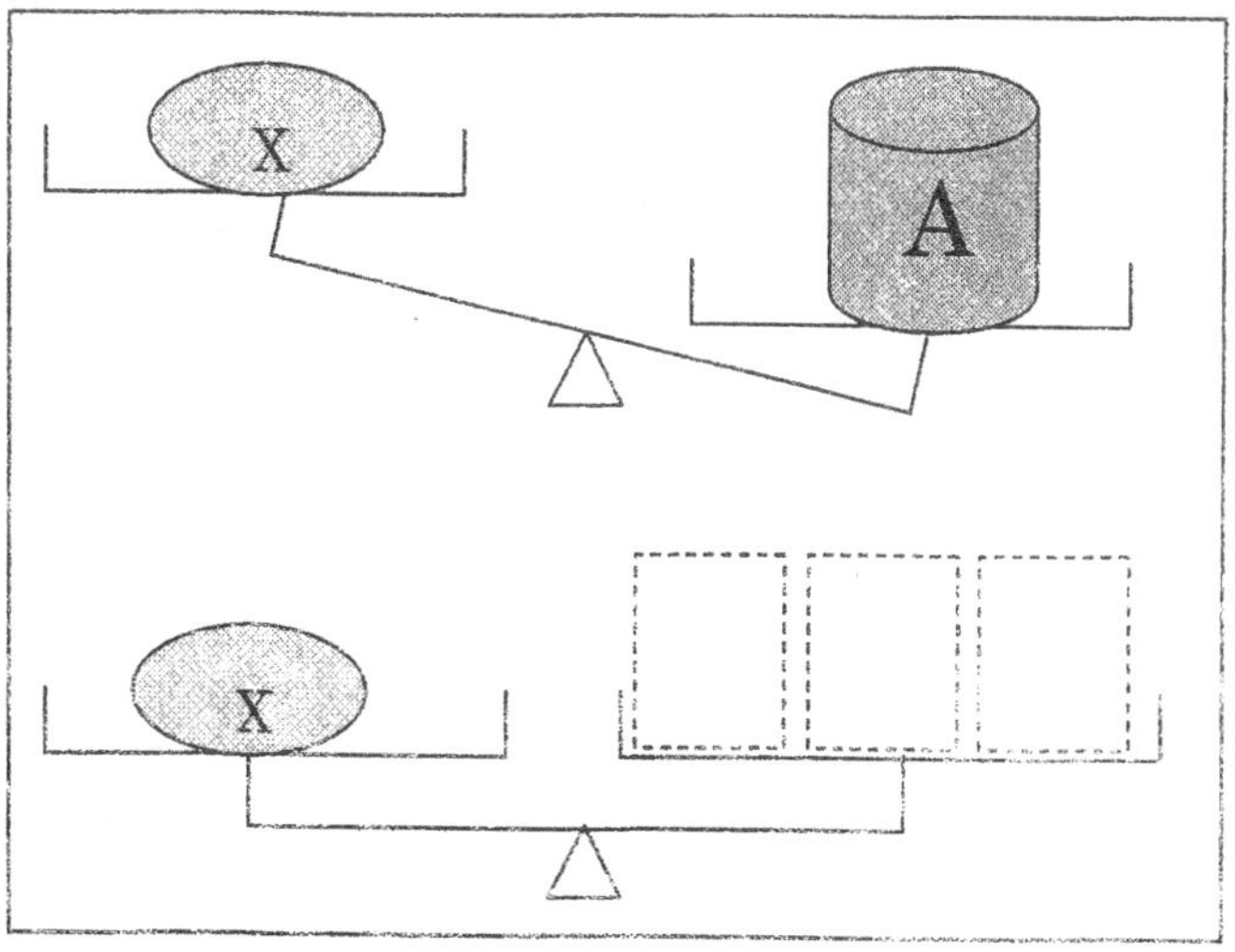

解説

適性検査Ⅰは、国・算・社・理、４教科のバランスよい融合問題で、思考力や判断力、課題発見や問題解決能力をみます。グラフや表、地図を読み取り、課題に対する理解をみる問題が多くなっています。満点は100点です。適性検査Ⅱは、私立中学校の国語の出題に似た問題で、ボリュームは多くはありませんが作文で力をみる形式となっています。テーマに基づいて自分の考えや意見を文章にまとめ、しっかり表現できる力をみます。記述する際の条件として、２段落にわけ、それぞれの段落でどのような内容を書くべきかが指定されます。その課題に沿って作文を構成する力が求められます。満点は50点です。

検査日の午後には面接（15分、グループ）があり、自らの将来、進路に対する目的意識、進学後に学ぼうとする意欲、さらに、聞く力・話す力などもみます。

併設型
2008年開校

千葉県立

千葉中学校

日本、そして世界へ羽ばたく心豊かな次代のリーダーを育成

千葉県内トップの進学校・県立千葉高等学校に県内初の県立中学校として開校した千葉中学校。多くのすばらしい人材を輩出してきた高校の伝統ある「自主自律」の精神を受け継ぎ真のリーダーへの教育が行われています。

県立高校再編の一環として千葉高校に中学校が誕生

【Q】御校がつくられた経緯をお教えください。

【髙岡先生】中学校は、千葉県の県立高等学校の再編計画の一環でつくられました。

最近の子どもたちの傾向として、「考えることが苦手になっている」「指示を待つ子どもが多くなっている」ということがあげられ、お互いに教えあい、学びあうといった力が劣ってきていると言われています。こうした課題に対し、県として取り組んだ学校づくりの一環として、2008年に千葉県立千葉高等学校を母体に、併設型中高一貫校として中学校が開校しました。今年度で、1期生は高校1年生になりました。

中学校では、千葉高校の培ってきた伝統をいかしつつ、教育課程上の先取りをせず、主体的にさまざまな活動に取り組むことによって、興味・関心を幅広く持たせ、より深く考える力、コミュニケーション力、表現力などの「人間力」をじっくりと育成しています。

これまでも本校は、千葉県の高校教育のリーダーとしての自負と誇りを持ちながら教育活動に取り組んできました。今後は中学校からの進学者と他の中学校からの進学者との切磋琢磨が行われることによって、よりいっそうの活性化を期待しています。

【Q】御校の校風はどのようなも

髙岡（たかおか）　正幸（まさゆき）校長先生

学校プロフィール

開校
2008年4月

所在地
千葉県千葉市中央区葛城1-5-2

TEL
043-202-7778

URL
http://www.chiba-c.ed.jp/chiba-h/chibachu/

アクセス
JR外房線・内房線「本千葉」徒歩10分
京成線「千葉中央」徒歩15分

生徒数
男子119名、女子119名

1期生
高校1年生

高校募集
あり

3学期制

週5日制

50分授業

入学情報
・募集人員
男子40名、女子40名　計80名
・選抜方法
（1次検査）適性検査（1-1・1-2）
（2次検査）適性検査（2-1・2-2）、集団面接

のですか。

【高岡先生】本校の全活動の精神的基盤となっているのは千葉高校の校訓でもある「自主・自律」です。実際、厳しい生徒指導はなく「自由な学校」というイメージが強いですが、生徒は千葉高生としての自覚を持って行動しています。この「自主・自律」の精神に裏打ちされた教育は、次代に生きるみなさんに必要不可欠な力をつけていきます。なにが問題になっているのか、なにが原因なのか、なにをすべきなのか、どうしたらみんなと協力できるのかなど、すべて自分たちの頭で主体的に考えながら3年間を過ごします。教師もそのような指導をしていますから、本校に入学すれば自然と「自主・自律」の精神が身につくことになります。

この精神をもとに、中学校では新しく「篤学・共同・自律」という校訓を掲げました。「篤学」は、熱心に学問に励むこと。「協同」は互いに力を合わせてものごとを行うこと。そして「自律」は自分自身で立てた規範に従って行動することです。

また、本校の伝統として、重厚な教養主義が教育方針の柱として確立しています。これは日々の授業を大学受験に特化するのではなく、すべての教科で基礎・基本を大切にしながらも、教科書を越えた発展的な授業を展開することで、広く深く学習するというものです。先取りではなく、深く、多角的に課題について考えるよう、ていねいに指導しています。

豊かな人間力を育成する伝統をいかした教育課程

【Q】県内トップ校である千葉高校に進学するわけですが、ハイレベルな授業を行ううえで、中学校

特色ある

カリキュラム紹介

1 県立千葉高校の伝統をいかした 人間力育成のための総合的学習の時間 「学びのリテラシー」「ゼミ」「プロジェクト」

千葉中学校には、県内トップレベルの千葉高校の伝統をいかした「学びのリテラシー」、「ゼミ」、「プロジェクト」という人間力育成のための独自のプログラムがあります。

「学びのリテラシー」とは、探究的な学びの基礎となる力を育てる学習です。「ゼミ」や「プロジェクト」で必要となる話しあう力や発表の技術を学んでいきます。具体的には、レポート・論文の書き方や調査時のアポイントの取り方、相手への接し方などを学びます。

「ゼミ」はいわゆる大学のゼミナールと同じ形式で、個人研究を行います。それぞれのテーマで1年から3年まで縦割りで所属し、研究を行っていきます。半年ごとに発表が行われ、3年生では論文にまとめます。

「プロジェクト」は社会に参加する力をつけるためのプログラムです。各学年ごとに社会人講演会（1年）、職場体験学習（2年）、長期ボランティア（3年）を行います。これらはすべて実行委員会形式で生徒が企画・運営を任されます。そのため、講演者や企業へのアポイントも生徒が行います。こうした経験が企画力を育み、社会でどんなことができるのか、社会からどのような力が受け入れられるのかということがわかってきます。

そして、これら3つのプログラムが、千葉高校へ進学したのちの「千葉高校ノーベル賞」へとつながっていくのです。

この「千葉高校ノーベル賞」とは、総合的な学習の時間から生まれたもので、4つの分野（人文科学・社会科学・自然科学・芸術）に分かれて、個別に調査・研究をし、まとめたもののなかから最もすぐれた作品に与えられる賞です。1年生から約2年間かけて研究したものを3年生で発表します。受賞者は文化祭で再度発表することができ、ハイレベルな研究発表を楽しみに来場するかたもいるほどです。

こうして中学校で研究に関する基礎を学び、高校でのハイレベルな研究にすぐにつなげていくことができるのです。県立のトップ校である千葉高校の教育と密接に結びついた総合的な学習の時間となっています。

段階でどのような工夫が行われているのでしょうか。

【髙岡先生】 スパイラル学習と呼んでいますが、螺旋階段を登るように段階的に繰り返し学習しています。学年があがるにつれ、より高度な内容で学び、少しずつ理解を深めていきます。

また、英語と数学では、20名の少人数クラスで授業を行っていますが、習熟度別で分けているわけではありません。中学校では家庭科、技術科、国語の一部でも少人数で授業を行っています。習熟度でクラスを分けるより、いろいろな生徒がいた方がおもしろいです。生徒の自然な発想を大切にしたいですし、同じような成績の生徒だけ集めてしまうと発想が豊かになりません。そういうところを大切にしたいと考えております。

【Q】補習などは行われていますか。

【髙岡先生】 夏休みの始まりと終わりに「勉強会」を設定しています。基本的に参加は自由ですが、進度が遅れた生徒については義務づけている場合もあります。それ以外には制度的なものではなく、臨機応変に個別対応するというかたちでフォローしています。

高校では、夏休みは、教科によってさまざまなかたちで夏期講習を行っています。

ただ、きちんと講座を決めてスケジュールをかためるのではなく、先生がたが自由に行っています。

【Q】「人間力を培う3つの協同」とはどのようなものなのでしょうか。

【髙岡先生】 これは「学びの協同」、「社会との協同」、「家族との協同」として、本校では「協同」という言葉を意識した行事を行っています。

たとえば、入学直後にオリエンテーション合宿として、少年の家で2泊3日、携帯電話などがない、ふだんとはちがう生活を体験します。また、夏休み前に行われる自然教室では、山へ行き、少年の家で3日間自分たちで自炊をしながら、キャンプファイヤーや山登りをします。

いまの子どもたちはあまりそうした体験をしている子が少ないです。テレビも電話もゲームもない生活のなかで、友だちと会話し、協力しながら食事をつくっていき

年間行事

おもな学校行事（予定）

4月	入学式　オリエンテーション　合宿　強歩大会
5月	第1回定期テスト
6月	
7月	第2回定期テスト　自然教室
8月	職場体験
9月	総合学習発表会　文化祭
10月	体育祭　第3回定期テスト　総合学習発表会　イングリッシュキャンプ
11月	合唱コンクール　伝統文化学習　第4回定期テスト
12月	全校防災避難訓練
1月	第5回定期テスト
2月	マラソン大会
3月	総合学習発表会　第6回定期テスト　海外異文化研修

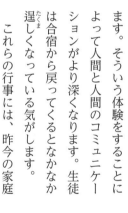

ます。そういう体験をすることによって人間と人間のコミュニケーションがより深くなります。生徒は合宿から戻ってくるとなかなか逞しくなっている気がします。

　これらの行事には、昨今の家庭教育においてなんでも用意されすぎている子どもたちの自律をうながす意味もありますが、自分たちで一生懸命いろいろな工夫をして生活していくために協同することを学びます。友だち同士がなにもないなかで協同してつくりあげていくのです。それは教員ともそうですし、家庭にもいっしょにお願いしています。また、社会のかたとも協同する必要があるのです。

【Q】高校ではすばらしい進学実績をお持ちですが、進学指導はどのように行っているのでしょうか。

【髙岡先生】キャリア教育はきちんとしていきたいと思っています。世の中のことをよく知ってもらって、少なくとも高校を卒業するときには、この大学のこの学部に行きたい、この先生に学びたいといった自分のこれからの学びに対する明確な目標を持ってもらいたいですね。

　とくに大学でなくてもいいのですが、「こういうことをやりたい」と自分自身でわかったうえで進路選択をしてほしいのです。ただ慶應大に行きたいからちがう学部を3つ受験するとか、東大が難しいから東工大にしてしまおう、ということにはならないように、しっかりとした進路選択をしてもらいたいですね。そして大学に入って、すぐに研究活動に入れるような生徒を育てたいです。

【Q】では最後に、どのような生徒に入学してほしいかを教えてください。

【髙岡先生】本校の生徒は世の中の動きに関心を持つ必要があります。なぜなら税金で運営される公立校は社会に貢献する使命があるからです。私立のように高いお金をださなくても少人数のていねいな教育を受けられるわけですから、つねに社会貢献の意識は持ちつづけてほしいですね。また、本校を第1希望で考えている子どもに来てほしいです。将来、東大に入るだけが目的ではなく、本校の教育方針を理解して第1希望で来ていただける生徒さんを、学校と家庭が連携していねいに伸ばしていきたいと思います。

学校別適性検査分析
千葉県立千葉中学校

募集区分 一般枠

入学者選抜方法 【一次検査】適性検査1-1（45分）、適性検査1-2（45分）、【二次検査】適性検査2-1（45分）、適性検査2-2（45分）、集団面接、報告書、志願理由

⑴　支柱ではなく，おもりのついた糸を基準にするのはなぜでしょうか。あなたの考えを書きなさい。

先　生：	太陽の高度を測るには，どこの角度を測ればいいかな。
いずみ：	図2の場合は，●の部分の角度を測ればいいと思います。
かずお：	そうだね。でも，■と●の角度の大きさは同じだから，■の角度を測ってもいいね。

図2

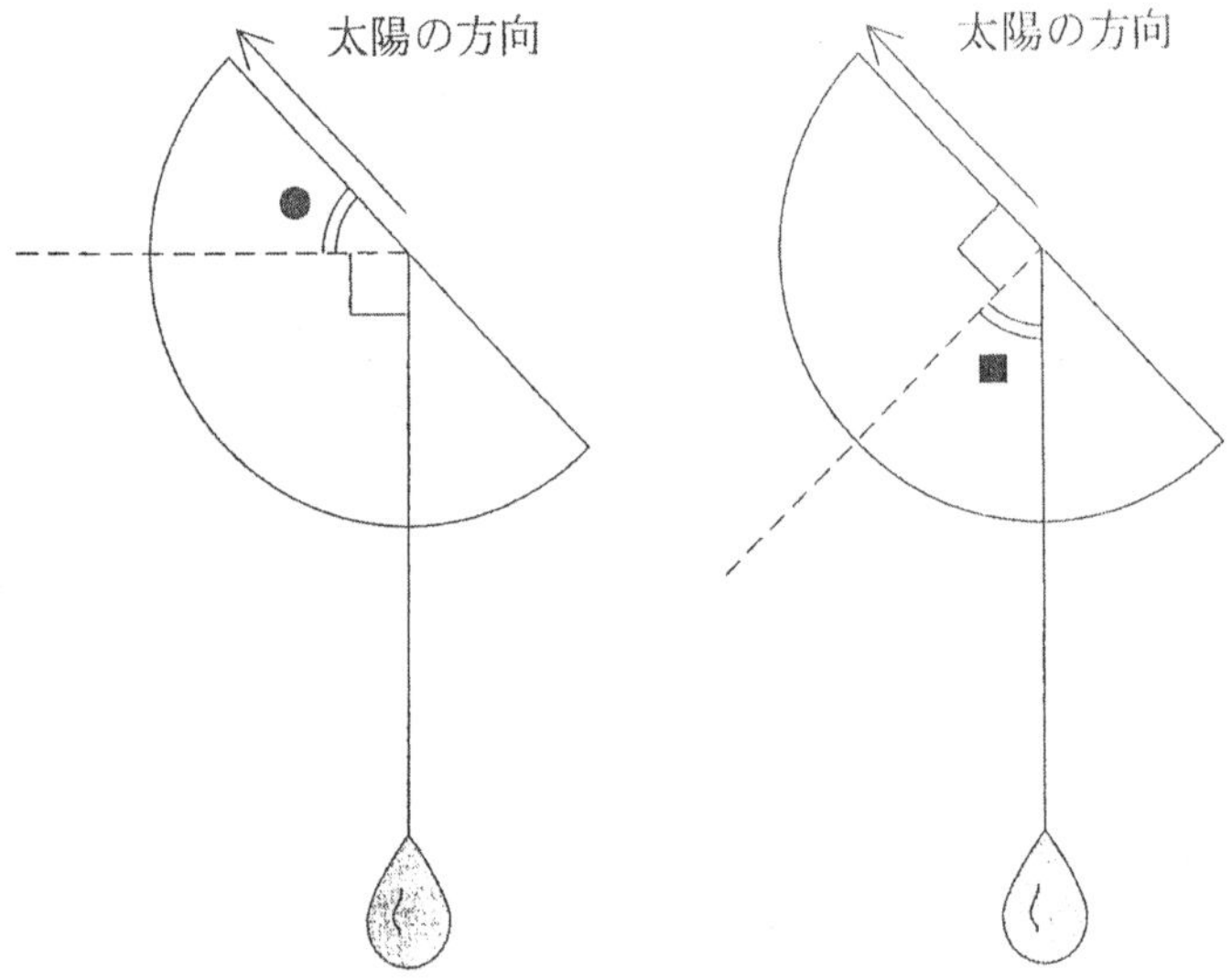

⑵　■と●の角度の大きさが同じであることを，解答用紙の図を使って，説明しなさい。

日常生活で観察をしているか

ふだんの生活のなかで、自然科学的な観察眼を持っているかが問われます。おもりは地面に垂直にたれています。

数理的な理解、考え方を問う

解答用紙には、半円と補助線が描かれています。太陽の高度をはかる道具のしくみを理解できていれば答えられます。

2011年度 千葉県立千葉中学校 適性検査問題2-1より

3　千葉中学校では，毎年，保護者や地域の方を招いて，学級ごとに劇や合唱，調べたことなどを発表する行事(文化祭)があります。かずおさんたちの学級では，太陽や光について調べ，わかったことを発表することになり，その準備をしています。

あとの(1)～(5)の問いに答えなさい。

＜太陽の高度について調べる＞

(測定方法)

はじめに，下の図１のような装置を使って，太陽の高度が１日のうちでどのように変わるかを調べる実験をすることにしました。太陽の高度とは，水平な面と太陽の方向がつくる角度のことです。

図１

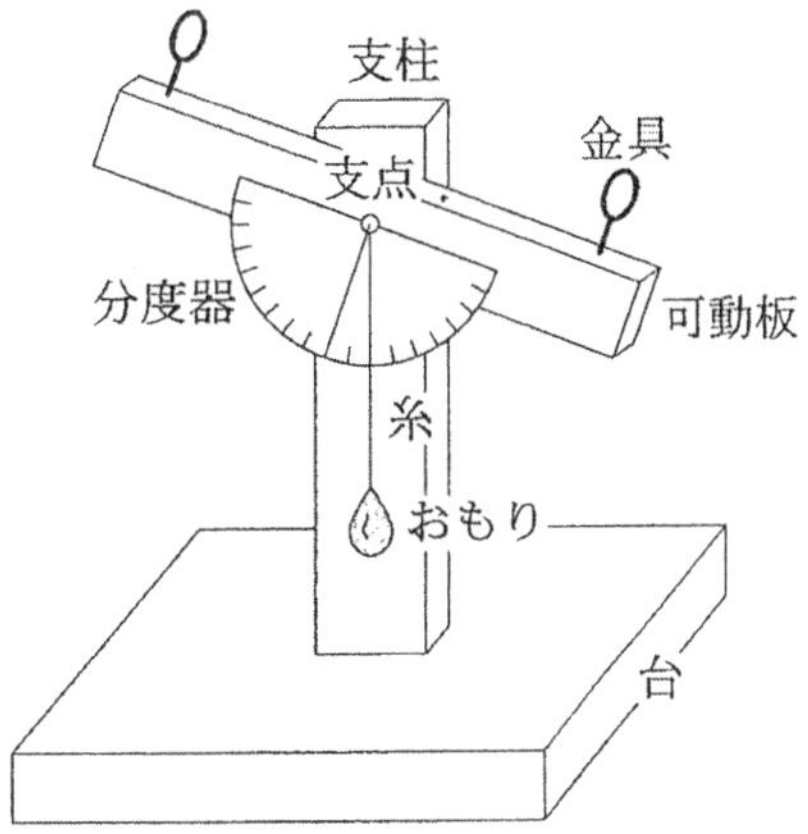

先　生：はじめに，注意しておくけど，太陽を直接見てはいけないよ。装置を置いたら，台を動かしたり可動板を動かしたりして，地面もしくは台にうつる２つの金具のかげがちょうど重なるようにするんだ。金具のかげが重なったとき，可動板がちょうど太陽の方向に向いていることになるから，おもりのついた糸を基準にして，分度器で角度を読み取ればいいね。

解説

千葉県立千葉中は一次検査と二次検査を行います。一次で倍率を6倍程度まで下がるように選抜し、二次で80名（男女40名ずつ）を選抜します。一次の段階で、倍率が30倍を超えると抽選があります。ただし、なるべく抽選を行わないように「受験希望者を減らす努力をする」ことになっています。2011年度では少し落ち着きをみせ、一次では1000人超が受検し、二次には300人強がのぞみました。県立千葉中の適性検査は、小学校で学習する内容や私立中学校入試で求められる学力とは異なります。適性検査はいずれも極めて高難度と言われており、なかなかの厳しさです。その内容は、与えられた文章や資料などを読み取り、課題を発見し、自然科学的な問題、数理的な問題等を理解し、解決に向けて筋道立てて考え、表現する力をみます。二次の適性検査2-2では「聞き取り」の問題があります。面接は集団面接です。

併設型
2003年開校

埼玉県立

伊奈学園中学校

一人ひとりの個性や才能を伸ばす 特色ある伊奈学園のシステム

普通科ながら、「学系」と呼ばれる特殊なシステムを持つ伊奈学園総合高等学校を設置母体として生まれた伊奈学園中学校。幅広い確かな学力を身につけ生涯にわたり自ら学びつづける人間を育成します。

超大規模校につくられた併設型中高一貫校

【Q】御校は2003年（平成15年）に埼玉県内初の併設型公立中高一貫校として開校されました。設置母体である埼玉県立伊奈学園高等学校はどのような学校なのでしょうか。

【田柳先生】伊奈学園総合高等学校は、1984年（昭和59年）に創立され、現在は在籍生徒数が2000名を超える超大規模校です。伊奈学園総合高校は形式的には普通科なんですが、少し特殊で、専門学科に近いようなかたちで7つの学系（人文・理数・語学・スポーツ科学・芸術・生活科学・情報経営）に分かれています。本校の生徒は一般的な高校の普通科にあたる人文系と理数系に進学します。

伊奈学園総合高校は一人ひとりに合った時間割がつくれるシステムとなっています。ちょうど大学で講義を選んで受講することをイメージしていただけるとわかりやすいと思います。

【Q】中学校においても高等学校の校訓「自彊創生」を継承していますが、この意味についてお教えください。

【田柳先生】これは、高校設立時からの校訓です。中高一貫の本校が設立されるときに、それを学園全体の校訓として中学校でも採用しました。意味は、自ら努め励み、自らをも新しく創り生みだすこ

田柳 宏 校長先生

とです。やさしく言うと、自ら努力することによって、新しい自分自身をつくっていくという意味になります。そうして、高い志を持ち、将来社会のさまざまな分野でリーダーとなる生徒を育てていきたいと思います。本校は高校入試がありません。生徒たちには、6年後の大学進学を到達点とするのではなく通過点と考えて、社会にでてからの自分の理想の姿を思い描き、つねにさきを見て努力を惜しまないようにと伝えています。

【Q】教育のカリキュラムで特徴的なところをお教えください。

【田柳先生】 数学で先取り学習を取り入れています。また、一般の中学校の授業は週28時間標準で行われていますが、学校独自の教育課程の編成をより充実させるために3時間多い31時間で実施しています。

習熟度別授業は数学のみで行っており、中1～中2で1クラス2展開に、中3では2クラス3展開で行っています。高校でも、必修教科の数学では2クラス3展開をそのまま継承しています。

【Q】中3で行われる選択教科の「表現」「国際」「科学」とはどのような授業なのでしょうか。

【田柳先生】 これらは、ふたつの教科を融合させて学習する時間となっています。3年次にこのなかからひとつ選択して学習します。

「表現」は、国語と英語の融合科目です。たとえば、英語の文章をただ和訳するのではなく、日本語の表現をわかりやすくよりよいものにしていきます。「国際」は、英語と社会の融合科目です。日本の文化を英語で伝えていくことだったり、海外で起こっている政治・経済の動きを英語で学んだりします。「科学」は、理科と数学の融合科目です。理科で行った実験に

学校プロフィール

開　校
2003年4月

所在地
埼玉県北足立郡伊奈町学園4-1-1

TEL
048-729-2882

URL
http://www.inagakuen.spec.ed.jp/

アクセス
埼玉新都市交通ニューシャトル「羽貫」徒歩10分
JR線「上尾」「蓮田」バス

生徒数
男子83名、女子155名

1期生
大学3年生

高校募集
あり

3学期制

週6日制

50分授業

入学情報
・募集人員
男女計80名
・選抜方法
公開抽選により受験候補者160人とする。
作文（Ⅰ・Ⅱ）、面接、調査書

特色あるカリキュラム紹介

1 学校のなかに存在する小さな学校「ハウス」制度で生まれるアットホームな雰囲気

大規模校の伊奈学園は、生徒の生活の場が6つの「ハウス」に分けて構成されています。生徒は学系などの区別なくいずれかのハウスに所属します。同様に180名を超える先生がたも教科・専門の区別なくいずれかのハウスに所属するのです。

各ハウスは、建物自体が独立し、それぞれに職員室が設けられ、ハウス長（教頭先生）以下30名程度の教員が所属しています。中学生は、6つのハウスのひとつである第1ハウスにおいて生活することになります。高校生は第2～第6ハウスで、各ハウスは1～3年生の各学年4クラスずつ、計12クラスで構成されます。卒業まで同じハウスで、同じ担任の指導のもとで自主的な活動を展開しています。

また、学園祭、体育祭、修学旅行、などの行事や生徒会活動なども、すべてハウスが基本単位で行われます。ハウスごとにカラーが決まっており、体育祭や文化祭、校章などにもシンボルカラーとして使われています。

各ハウスは「小さな学校」であり、そこから、毎日の「生活の場」としての親しみやすいアットホームな雰囲気が生みだされています。こうした豊かな環境のなかで、生徒たちが自分のめざす目標に向かって育まれていくのです。

2 国際性を育てる語学教育と国際交流

ALT（外国人英語講師）とのチーム・ティーチングによる充実した語学教育と積極的な国際交流が行われています。

授業では、NHKのラジオ講座を取り入れた英語の学習を行っています。1～3年生のすべての生徒が、「基礎英語」を毎日家でヒアリングすることを前提として、英語の授業が進められています。

また、姉妹校であるオーストラリアのクィーンズランド州にあるクンババ高校へ中学3年生の希望者30人が2週間のホームステイをしながら、語学研修と異文化交流が行われます。

ついて、数学の知識を使って分析をして結果をだします。

実際に社会にでて自ら問題解決に取り組むとき、ひとつの知識だけで対応できることはほとんどありません。教科単独であつかうことができないような題材で、幅広い知識を身につけます。

【Q】授業以外での学習の取り組みではどのようなことをされていますか。

【田柳先生】 朝の10分間を利用して、読書とスキルアップタイム（計算、漢字、英単語）を実施し、基礎基本の定着をはかっています。

通常時に補習はないのですが、中学校では、各学年で1学期の成績状況によって、指名制で「夏期講習」を実施しています。また、夏休みの期間に自習室を用意しています。自習室には指導員がおり質問できるようにしていますが、中高一貫校らしく高校生が指導員を務めることもあります。

さらに、中2～中3を対象に2泊3日で勉強合宿「サマーセミナー」を行っています。長野県の農山村で、早朝の散歩と夜空を眺める時間以外は、合宿中ずっと勉強に打ちこみます。自習方式ですが、各教科の教員が同行するので、いつでも質問に応えられる体制をつくっています。

そして、中3を対象に、夏休み前から冬休みにかけて行われる高校進学へ向けての土曜補習「サタデーセミナー」を実施しています。希望者のみで行われますが、95%以上が参加しているので、ほぼ全員が参加しています。

【Q】運動会や文化祭は高校生といっしょに行うのですか。

【田柳先生】 運動会、文化祭ともに高校と合同で行います。ただ、高校は生徒数が2000人を超えていますので、運動会については上尾運動公園陸上競技場で行います。高校はクラス対抗とハウス対抗ですが、中学生は2クラスしかないので、3学年縦割りで1組対2組となっています。そのなかで、大縄跳びとムカデ競争は中学1年から高校3年までの共通種目となっています。中学の6クラスも高校の60クラスと平等に競いあうのです。昨年度は、高校生のクラスのなかで、中学のクラスも大縄跳びでベスト5に入って大喜びしていました。

文化祭は「いなほ祭」と呼んで

年間行事

おもな学校行事（予定）

4月	入学式　対面式 宿泊研修　課題テスト
5月	授業参観　生徒総会 修学旅行
6月	三者面談 各種検定試験
7月	夏季補習
8月	オーストラリア交流事業（ホームステイ／3年生30名）　サマーセミナー（学習合宿）
9月	学園祭　サタデーセミナー開始 体育祭
10月	生徒会役員選挙
11月	彩の国教育週間　授業公開 ミニコンサート　各種検定試験
12月	3年学系選択のための三者面談
1月	百人一首大会 各種検定試験
2月	球技大会　イングリッシュセミナー（3年） いきがい大学伊奈学園との交流会 校外学習（1･2年）
3月	3年生を送る会 卒業式

おり、これも中高いっしょに行います。ハウスごとに分かれていますので、文化祭のメインはハウス対抗での飾りつけです。また、高校生はクラスTシャツを、中学生はハウスでTシャツをつくりコンテストが行われます。一般投票で行われるこのコンテストで、昨年は中学3年生がデザインしたTシャツが「最優秀賞」を受賞しました。9月の最初の土日に2日間行い、約1万人の来場者があります。

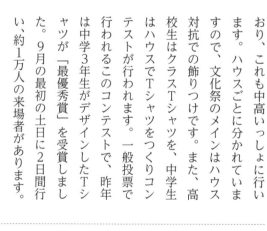

努力する姿勢を身につけ6年間かけて伸ばす

【Q】3期生までが高校を卒業されていますが、その進学実績についてはどのようにお考えですか。

【田柳先生】 埼玉県教育委員会は、併設型の中高一貫校がめざす教育として、たんなるエリート教育を目標とするために本校を開校したのではないと認識しています。そのため、幅広い成績の生徒を受け入れていますし、その生徒たちを6年間で伸ばしていこうという考え方をしています。

1期生は卒業生76名のうち、国公立大学への現役合格者は7名。1浪して4名合格しました。2期生では東大にも1名合格しました。さらに3期生では一橋大、東北大ほか、現役で11名合格しました。一定の成果はだせていると考えていますが、新指導要領に適合した新しい教育課程を実施したところでもあり、いっそうの指導の充実をはかっていきたいと思っています。

【Q】御校にはどのような生徒に入学してほしいですか。

【田柳先生】 伊奈学園中学校の入学者選考については、作文というかたちで学力的なことをはかるようなものになっていますが、特別な勉強は必要ありません。小学校でふつうに授業を受けていただいていて結構です。

中高一貫校には高校受験がないことが特徴です。そのため、将来のために努力できる生徒が中高一貫校に向いているのだと思います。とくに、伊奈学園総合高校のシステムは自ら学ぶことを要求しています。生徒本人の心がまえや行動次第で大きく羽ばたける可能性があります。10年、20年先を見つめ、その将来のためにいま努力できる生徒が、伊奈学園の中高一貫校に向いていると思います。

お楽しみ会の午後のプログラムは２つあり、クイズ大会とミニせん風機作りを行います。まずは、クイズ大会です。ひかるさんは、問題を出す係です。

ひかるさん「今から出す３つのヒントにあてはまる２けたの数を答えて。」
なつきさん「いいよ。」
ひかるさん「１つ目のヒントは、その数は５でわると１あまる数です。」
なつきさん「例えば１１や１６だよね。」
ひかるさん「そうそう。２つ目のヒントは、その数は８でわっても１あまる数です。
３つ目のヒントは、その数は１０でわっても１あまる数です。」
なつきさん「５でも８でも１０でも、どれでわっても１あまる数なんてあるのかな。」

［問３］ ひかるさんが出した３つのヒントにあてはまる２けたの数を、**すべて**答えましょう。また、その求め方を８０字以内で書きましょう。

次は、ミニせん風機作りです。それぞれが**【１人分の材料】**を使って、自分好みのものを作ることにしました。

【１人分の材料】
・モーターを固定する箱（１個）　・モーター（１個）　・羽根（１個）
・かん電池ホルダー（２個）　・同じ種類のかん電池（２個）
・どう線（つなぐための本数分）

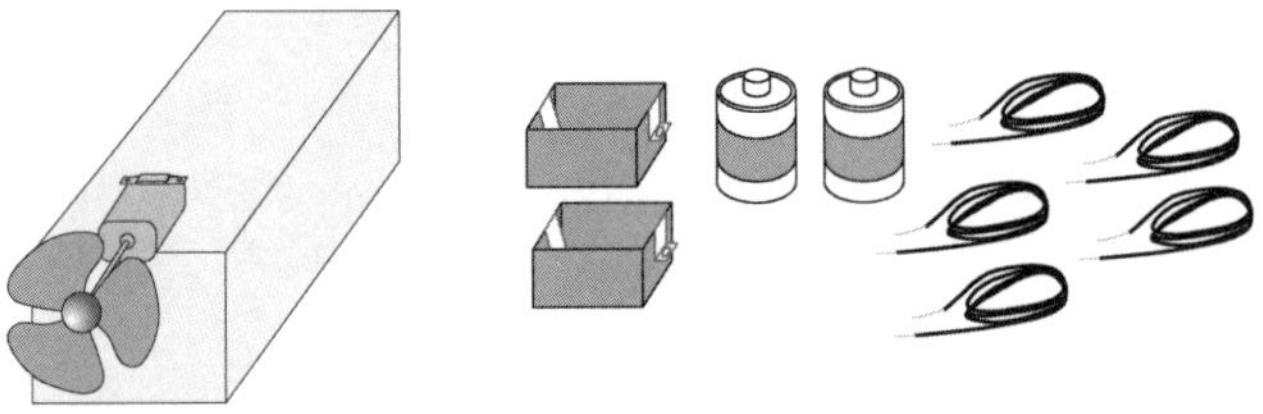

ゆうきさん「私は、できるだけ強い風の出るミニせん風機を作りたいな。」
ひかるさん「私は、できるだけ長時間使えるミニせん風機を作りたいな。」

［問４］ ゆうきさんのように、できるだけ強い風の出るミニせん風機を作る場合、かん電池をどのようにつなぐとよいですか。そのつなぎ方を４０字以内で書きましょう。

学校別適性検査分析

埼玉県立伊奈学園中学校

募集区分　一般枠
入学者選抜方法　作文Ⅰ（50分）、作文Ⅱ（50分）、面接（10分程度）、調査書

状況に応じた見方、考え方

日常のさまざまな場面で現れる課題に対して、算数、理科の力を使っての具体的な解決能力が試されています。

問題を解決する力をみる

理科で学んだ乾電池のつなぎ方について、机上ではなく実験をつうじてしっかりと理解できていなければなりません。

2011年度 埼玉県立伊奈学園中学校 作文Ⅱより

ゆうきさんは、地域の子ども会のお楽しみ会にひかるさんやなつきさんと参加するため、公民館をおとずれています。次の文章を読んで、**［問１］**～**［問７］**に答えましょう。

ゆうきさんたちは、お楽しみ会のプログラムをたくさん作ることになり、公民館のカラーコピー機を使わせてもらうことにしました。

ゆうきさん「コピー機が２台あるね。」
ひかるさん「それなら、２台で印刷したほうが早くすみそうだね。」
なつきさん「まず、１枚印刷すると、それぞれどのくらい時間がかかるか、ためしてみようか。」
ゆうきさん「こっちのコピー機①は、３秒でできたよ。」
ひかるさん「こっちのコピー機②は、４秒かかった。」
なつきさん「あと１４０枚作りたいけれど、全部印刷し終わるのに、コピー機①とコピー機②の２台のコピー機ではどのくらい時間がかかるのかな。」

［問１］ コピー機①とコピー機②の２台を使って１４０枚のプログラムを作るとき、同時に印刷を始めて、最短で何分で印刷が終わるか答えましょう。また、その求め方を１００字以内で書きましょう。

お楽しみ会のお昼に、みんなでジャムサンドイッチを作ることになりました。

なつきさん「このジャムのガラスびん、ふたが開かないよ。」
ゆうきさん「本当だ。金属のふたが固く閉まっていて、回らないから開かないね。」
ひかるさん「それなら、お湯で金属のふたの部分を温めると開きやすくなるよ。」
なつきさん「じゃあ、やってみよう。」
ゆうきさん「本当だ。今度は開いた。ありがとう。」

［問２］ お湯で金属のふたが開くようになった理由を、４０字以内で書きましょう。

※問題は、次のページにもあります。

解説

県立伊奈学園中学校の入学者選抜では、作文ⅠとⅡ、面接、調査書によって入学候補者を決めます。面接は10分程度の個人面接です。作文は２種類ありますが、首都圏の他都県でいう適性検査の内容をすべて記述式で答えるものという理解でよいでしょう。そのためか他の都県のものより５分多い検査時間が設けられています。出題にあたって学校では、作文Ⅰは思考力や表現力をみる作文を、作文Ⅱでは課題を発見し解決する力をみる作文を求めています。2011年度の出題を見ると作文Ⅰは国語と社会の力を試しながら資料の読み取りや、歴史的事実の理解度も確認しています。作文Ⅱでは算数と理科の力をみる問題が柱となっていて、課題を発見し、その課題解決の力もみています。そのすべてを記述で答えなければなりませんので、表現力、文章力もおおいに問われることになります。作文の配点はそれぞれ40点満点となっています。

併設型
2007年開校

さいたま市立

浦和中学校

新しい学びの場で「知性」「創造」「活力」を育成

『バランスのとれた人間形成』
各教科の学習、学校行事や総合的な学習の時間のなかで、主体的・積極的に判断できる力を高めます。また、将来、国際社会で活躍できる素地を養い、目標を実現できる意志を持てるよう育成しています。

2011年度から土曜日授業を実施

【Q】 御校の教育目標についてお話しください。

【渡辺先生】 本校では「高い知性と豊かな感性・表現力を備えた国際社会に貢献できる生徒の育成」を掲げています。

【Q】「知性」「創造」「活力」という3つの象徴的な言葉がありますね。

【渡辺先生】 3つの言葉にはそれぞれ意味があります。まず「知性」は、6年間の一貫教育活動を展開し、高い知性と豊かな教養を身につけるということです。「創造」は、高い志を持ち、人間性あふれる人材を育成すること。そして「活力」は、豊かな感性・表現力を備え、国際社会に貢献できる活力のある人間を育成するということです。本校の母体校である市立浦和高校では、文武両道の伝統や双方向性の国際交流といった実績があります。そうしたことを継承し、学問と部活動の両立をしながら特色ある教育を行っています。

渡辺 春美 校長先生

【Q】 3学期制で50分授業を実施されていますが、これについて教えてください。

【渡辺先生】 3学期制は、季節の区切りごとにちょうど夏休みや冬休みが入りますので、わかりやすいということで採用しています。また、長期休業前に成績がでますので、休みの間にがんばろうというやる気にもつながります。授業

学校プロフィール

開　校
2007年4月

所在地
埼玉県さいたま市浦和区元町1-28-17

TEL
048-886-8008

URL
http://www.m-urawa.ed.jp/

アクセス
JR京浜東北線「北浦和」徒歩12分

生徒数
男子120名、女子120名

1期生
高校2年生

高校募集
あり

3学期制

週6日制

50分授業

入学情報
・募集人員
男子40名、女子40名　計80名
・選抜方法
（第一次選抜）適性検査Ⅰ・Ⅱ
（第二次選抜）適性検査Ⅲ〈作文〉、個人面接・集団面接

は、月曜日が7時限で、火曜日から金曜日が6時限です。

土曜日については、昨年度（2010年度）までは希望者への補習を行っていましたが、今年度から正式な授業にしました。午前中3時限で、年間13回実施する予定です。

内進生のみが「総合系」で学ぶ

【Q】6年間一貫教育の流れは、現在はどのようになっていますか。

【渡辺先生】前期課程の中1～中2は「基礎」、中期課程の中3～高1は「充実」、後期課程の高2～高3は「発展」とそれぞれ位置づけをし、3期に分けた中高一貫教育をしています。

【Q】2年ごとのステージですね。

【渡辺先生】はい、各ステージごとにコンセプトとして、Challenge＝挑戦、Innovation＝変革、Advance＝躍進というテーマを決めています。とくに変革のところでは、「つなぎ学習」を重視しており、中3で一部の科目の授業に高校の教員が入り、高校の勉強のおもしろさや深さを学ばせています。

また、市立浦和高校では、SPP（サイエンス・パートナーシップ・プロジェクト）活動をしています。そのため、中学生にも希望者にはSPP活動にかかわることができるようになっています。

【Q】浦和高に進学したとき、浦和中からの内進生と高校からの一般生はどのようなクラス編成になりますか。

【渡辺先生】内進生と一般生は別クラス編成になります。内進生は2クラス、一般生は6クラスという編成です。

浦和中は、1学年2クラスで1クラス40名、男女20名ずつの編成ですので、内進生のみ中高一貫教

特色ある　カリキュラム紹介

1 独自の教育活動「Morning Skill Up Unit」の展開

生徒ひとりに1台のノート型パソコンを活用し、毎日1時限目に60分の時間を設けて国語・数学・英語の各教科を20分ずつ学習するものです。

国語（Japanese Plusの学習）は、すべての学習の基礎となる「国語力」の育成がはかられます。短作文、暗唱、書写、漢字の書き取りなどに取り組み、基礎・基本を徹底する学習です。

数学（Mathematics Drillの学習）は、日常生活に結びついた「数学的リテラシー」の向上をめざします。四則計算や式の変形といった基礎的な学習、数量や図形に対する感覚を豊かにする学習です。

英語（English Communicationの学習）は、英語での「コミュニケーション能力」の育成が目標です。日常会話やスピーチなどの生きた英語を聞く活動、洋書を使った多読活動、英語教師との英語によるインタビュー活動や音読活動を行うなど、バリエーションに富んだ多彩なプログラムが用意されています。これらが、中学3年間実施されます。

2 ICT（Information and Communication Technology）教育の充実

生徒それぞれのパソコンは無線LANで結ばれていて、いつでもどこでも情報を共有しながら活用できます。調べたものをパソコンでまとめたり、インターネットを使って情報を自分のパソコンに取り込んだりできます。

図書室は「メディアセンター」と呼ばれていて、生徒は「メディアセンター」でネットを使いながら、自分のパソコンに情報を取り込むことができるのです。

家庭では、学校からの「お知らせ」を見ることができ、その日の授業内容をいかした家庭学習が行えます。

こうしたパソコンを活用した情報リテラシーの育成が実践され、すぐれたマルチメディア・ネットワーク環境のもとで学習が進められています。

育に基づく「総合系」で学びます。3年間をとおして芸術以外は全員同じ科目で理系・文系すべてに対応するカリキュラムとなっています。高3になると、選択科目を取り入れ、個々の進路希望に応じる教育課程が設定されています。

少人数制授業と進路指導の充実

【Q】少人数制授業も行われていますね。

【渡辺先生】たとえば、1年A組の2時間目を20名ずつに分け、英語と数学の授業を展開するといった形です。少人数による指導で、コミュニケーションをはかる取り組みやプレゼンテーションの機会を確保しています。

英語と数学以外でも、学習内容に応じて少人数による指導を行っています。

【Q】生徒さんが自分の言葉で表現する活動が充実していますね。

【渡辺先生】国語では討論やスピーチ、ディベート、パネルディスカッションなどの学習を計画的に取り入れています。

社会でも、3分間スピーチ、ロールプレイ、ディベートにチャレンジさせています。また、英語では校内でスピーチコンテストを行っており生徒たちに好評です。

【Q】進路指導も計画的に行われているようですね。

【渡辺先生】キャリア教育にもじゅうぶん配慮して、外部の講師や卒業生による講演会などを実施しています。本校では1期生が高校2年生になりました。中高一貫教育で内進生があがってくるのですから、大学進学へはそれなりの希望を実現させることが本校の役割だと思っています。それで「育てる進学指導」をキーワードにしています。いま行けるところではなくて、行きたいところをめざさせるという指導です。いままでよりひとつ上のランクを受験させたいと思っています。

ふだんの授業以外でも種々の取り組みが充実

【Q】英語教育では、特色ある指導があるそうですね。

【渡辺先生】夏休みの後半3日間に校内で、サマー・イングリッシュ・セミナーを開いています。市内のALT講師を10人招き、生徒8人に対して講師ひとりの割合で

年間行事

おもな学校行事（予定）

4月	入学式　課題テスト オリエンテーション合宿
5月	部活動本入部
6月	開校記念日 芸術鑑賞教室
7月	第１回漢字検定 球技大会
8月	夏期講習
9月	課題テスト　体育祭 写生会　文化祭
10月	英語検定
11月	第２回漢字検定　博物館実習 美術館実習
12月	修学旅行（２年） 終業式
1月	課題テスト
2月	校外学習（２年） ロードレース大会 海外field work（３年）
3月	職場体験未来くるワーク 卒業式　修了式

授業を行っています。

さらに中3の2月末から3月にかけては、海外フィールドワークとして、海外語学研修を実施しています。全員が7日間行オーストラリアへき、ホームステイをします。これには、中学校の英語学習の集大成としての意味があります。学んだ英語力をいかして、現地校の授業や行事に参加してきます。そこでの交流体験を経て国際感覚が磨かれ、グローバルな視野でものごとに取り組んでいける資質や能力が育まれるのです。

【Q】夏期講習は行っていますか。

【渡辺先生】中1～中3まで、それぞれに設定しています。

高校でも、各学年に向けて夏期講習を設けています。

学校全体としては、部活動もがんばってほしいという考えがありますから、生徒は学習と部活動のバランスをとりながら夏休みを過ごしています。

【Q】体育祭と文化祭についてお話しください。

【渡辺先生】中高合同で行っていますが、基本的には中学は中学校で、高校は高等学校でという分け方をしています。体育祭は、中学生はクラス単位で、高校生はクラスとは別のグループをつくって行っています。

文化祭は、中学は1日、高校は2日間です。開会式はいっしょにで、中学生はクラス展示や研究発表をやっています。また中学校は、文化祭で各学年別の合唱祭を行っています。

中学校併設にともない新校舎を建設

【Q】中学校は新校舎ですね。

【渡辺先生】中学を併設するため、市立浦和高校の敷地内に5階建ての校舎を建てました。実験室も中学生用の設備が整っていますし、すばらしい環境になっています。

【Q】御校にはどのような生徒さんに入学してほしいですか。

【渡辺先生】生徒には、コツコツ努力をすることが大事だと話しています。「愚直なまでの努力」ということを強調しています。自分の考えをとおし、努力をつづけるのはすごく大事だと思います。努力を重ねた生徒に神さまはご褒美をくれるのではないでしょうか。

本校では、努力を惜しまない生徒さんを待っています。

学校別適性検査分析

さいたま市立浦和中学校

募集区分 一般枠

入学者選抜方法 【第1次選抜】適性検査Ⅰ（45分）、適性検査Ⅱ（45分）、調査書
【第2次選抜】適性検査Ⅲ（45分）、面接

次の文章や資料を読んで、問一～問四に答えなさい。

ある小学校の六年一組の「総合的な学習の時間」では、児童それぞれが興味を持った文章をもとにして、自分の考えを発表することになりました。

太郎くんは、文章Aをもとにして「科学の進歩」について、花子さんは、文章Bをもとにして「地球環境問題」について考えました。

資料1・資料2・資料3・資料4は、「地球環境問題」について発表する花子さんのために、先生が参考資料として用意したものです。

文章A

手塚治虫作「ガラスの地球を救え　21世紀の君たちへ」
光文社知恵の森文庫　22頁2行目から25頁3行目の文章による。

文章B

佐和隆光作「豊かさのゆくえ　21世紀の日本」
岩波ジュニア新書　160頁6行目から163頁14行目の文章による。

問一　**文章A**の空欄ア・イにあてはまる語句を**文章A**から書き抜いて答えなさい。
（空欄アは漢字三文字、イは漢字二文字）

問二　花子さんは、**文章B**の内容を整理しようと思い、次の①～⑨にまとめました。空欄ウ～カにあてはまる語句を**文章B**から書き抜いて答えなさい。

文章Bの内容

① 酸性雨が（　ウ　）という問題。
② フロンガスが、大気中のオゾン層を破壊し皮膚ガンの発症率を高めるという問題。
③ 炭酸ガスが（　エ　）という問題。

【資料1】さいたま市の年平均気温の推移
（地点：アメダスさいたま地点、期間：1978～2005年）

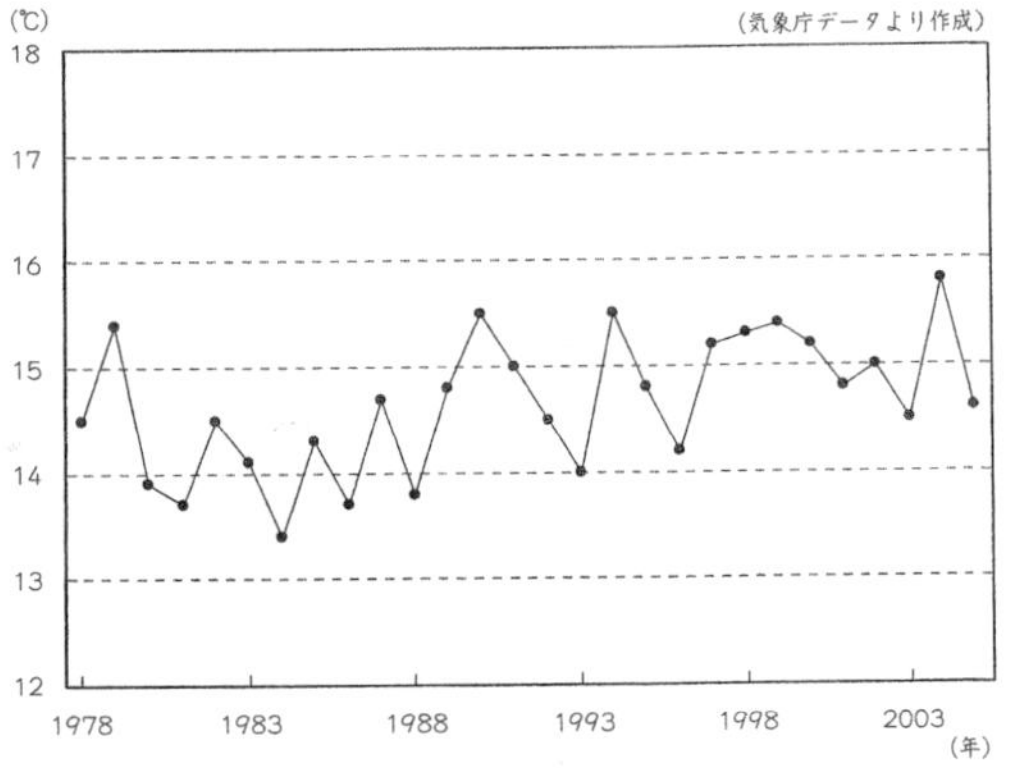

（「さいたま市地球温暖化対策地域推進計画」（2006年3月）より）

文章・資料を読み解き理解する

問二では与えられた文章をしっかり理解しているかを、問四では資料も分析して、自分の意見を表現する力をみます。

文章の内容・要旨をとらえる

与えられた文章はさほど長いものではありませんが、問一は要点を整理して読解できていなければ答えられません。

2011年度 さいたま市立浦和中学校 適性検査問題Ⅲより

④ アメリカ、ソ連、中国、日本の四つの国で、全世界の五二・六%の炭酸ガスを排出している。
⑤ 炭酸ガスは、人間や動物が（　オ　）によって排出するガスのこと。
⑥ 植物は炭酸ガスの炭素分を同化して成長する。
⑦ 産業革命以降、大気中の炭酸ガスの量は確実に増加した。
⑧ 大気中の炭酸ガスは、太陽の光は通すけれども、（　カ　）働きがあるため、炭酸ガスが増えると地球が温まる。
⑨ 地球が温暖化すれば食料危機が到来し、海抜ゼロメートル地帯が水没すると予想される。

問三　花子さんは、地球環境問題について、さらにインターネットを使って調べ、次の①～④にまとめました。空欄キ・ク内に入る語句を記入しなさい。

① 地球温暖化は、イギリスで始まった産業革命以降増加した炭酸ガスの影響を受けている。
② 最近都市の気温が異常に上昇する現象は（　キ　）現象と呼ばれる。
③ 最近埼玉県でも今までは見られなかった南方系の昆虫が何種類も確認されている。
④ 地球環境問題では一九九七年に日本の京都で決議された（　ク　）が有名である。

問四　花子さんは、**文章B**のテーマを「地球環境問題」と考え、「これから私たちは地球環境問題とどのように関わっていったらよいか」という題で発表することにしました。あなたが花子さんであったならば、どのような発表をしますか。次に示す条件に従って、発表する内容を書きなさい。

条件一　資料1・資料2・資料3・資料4を参考にすること。
条件二　文章は、「自分の意見」、「意見の理由または意見が正しいことのよりどころ」、「予想される反対意見とそれに対する反論」、「まとめ」の四つ部分からできていること。ただし、クラスのみんなに、自分の意見がわかりやすく伝わるための効果的な文章の組み立てを自分なりに考えて、四つの部分の順序を工夫すること。
条件三　解答用の原稿用紙を使い、原稿用紙の正しい使い方に基づいて書くこと。
条件四　文章の分量は六四〇字から八〇〇字までで書き上げること。
条件五　題名や氏名は書かず、すぐに本文から書き始めること。

【資料２】大気中の二酸化炭素濃度の経年変化

（気象庁ホームページより作成）

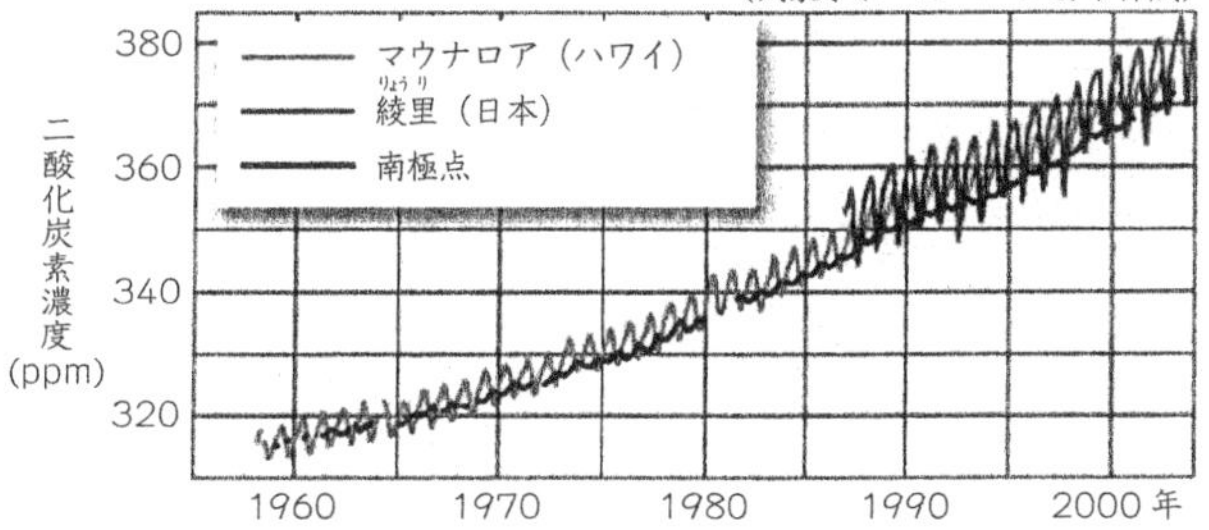

（「さいたま市地球温暖化対策地域推進計画」（2006年３月）より）

資料は、このほかにも【資料３】日本において検出された地球温暖化と考えられる影響の現状という表と、【資料４】家庭で行っている地球温暖化対策という棒グラフがしめされました

解説

市立浦和中学校の入学者選抜には第１次と第２次があります。2011年度までででは、第１次で男女各100人程度にしぼり、第２次で募集人員男女各40人の入学候補者を選びます。第１次では、適性検査Ⅰ（45分）と適性検査Ⅱ（45分）、調査書で検査を行います。第２次は別の日に適性検査Ⅲ（45分）と個人面接（10分程度）、集団面接（10分程度）を行います。適性検査はⅠ、Ⅱ、Ⅲとも課題の問題点を整理し、論理的に筋道を立てて考え解決する過程を、多様な方法で表現する力をみます。とくに第２次の適性検査Ⅲでは作文の字数が多く、文章や図表などを読み取り、課題にしたがって640～800字の文章にまとめます。作文をとおして適切な表現力をみます。2011年度の集団面接は、８名の児童で構成するグループに課題を与え、解決に向けて一人ひとりがどのようにリーダー性、協調性、コミュニケーション能力等を発揮しているかみました。

あとがき

首都圏には、この10年、つぎつぎと公立の中高一貫校が誕生しました。現在、首都圏（東京、神奈川、千葉、埼玉）では17校を数えるまでとなり、加えて来春には横浜市立南高等学校附属中が開校します。

とくに2011年春の大学合格実績で、都立白鷗が初の中高一貫生ですばらしい実績をしめしたことは記憶に新しく、公立中高一貫校はますます注目を集めているところです。

これは10年後、20年後に「中学受験」を振り返るとき、ターニングポイントであったと言えるできごとなのかもしれません。

いま、中学受験を迎えようとしている受験生と保護者のかたは、私立にしろ、公立にしろ、国立にしろ、これだけ学校の選択肢が増えた、そのまっただなかにいるのですから、幸せなことだと言えるでしょう。

ただ、進路や条件が増えるということは、それはそれで悩ましいことでもあります。

いまお手元にお届けした『2012年度入試用　首都圏公立中高一貫校ガイド』は、そんなみなさんのために、各学校のホンネ、学校の素顔を校長先生のインタビューをつうじて探りだすことに主眼をおきました。

また、公立中高一貫校と併願することで、お子さまとの相性がマッチするであろう私立の中高一貫校もご紹介しております。

学校選択の基本はお子さまに最も合った学校を見つけることです。その学校がご家庭のポリシーとも合っていれば、こんなによいことはありません。

この本をステップボードとして、お子さまとマッチした学校を探しだせることを祈っております。

『合格アプローチ』編集部

ご投稿・ご注文・お問合せは

株式会社グローバル教育出版

【所在地】〒101-0047
東京都千代田区内神田2-4-2 グローバルビル

【電話番号】03-3253-5944（代）（合格しよう）

【FAX番号】03-3253-5945

URL：http://www.g-ap.com
e-mail:gokaku@g-ap.com
郵便振替　00140-8-36677

合格アプローチ　2012年度入試用

首都圏　公立中高一貫校ガイド

2011年7月25日　初版第一刷発行　**定価1000円**（＋税）

●発行所／株式会社グローバル教育出版
〒101-0047 東京都千代田区内神田2-4-2 グローバルビル
電話 03-3253-5944（代）　FAX 03-3253-5945
http://www.g-ap.com　郵便振替00140-8-36677

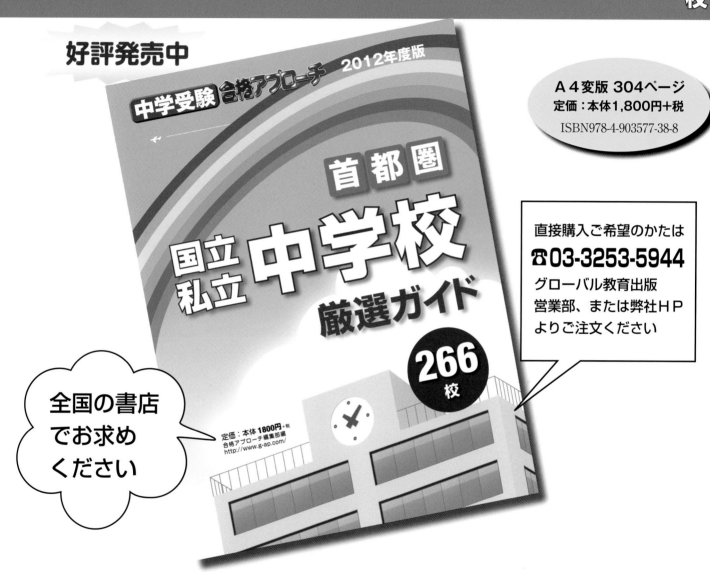

ISBN978-4-903577-39-5
C0037 ¥1000E
定価：本体1000円+税